平安，不单做保险

中国平安怎样走进世界500强

高淑芬　编著

SPM
南方出版传媒
广东经济出版社
·广州·

图书在版编目（CIP）数据

平安，不单做保险：中国平安怎样走进世界500强／高淑芬编著．—广州：广东经济出版社，2017．5
ISBN 978－7－5454－5228－0

Ⅰ．①平… Ⅱ．①高… Ⅲ．①保险公司－企业史－中国Ⅳ．①F842．31

中国版本图书馆CIP数据核字（2016）第322743号

出 版 人：姚丹林
责任编辑：李惠玉
责任技编：谢　莹
装帧设计：李康道

出版发行	广东经济出版社（广州市环市东路水荫路11号11～12楼）
经销	全国新华书店
印刷	佛山市浩文彩色印刷有限公司 （南海狮山科技工业园A区兴旺路）
开本	730毫米×1020毫米　1/16
印张	15　2插页
字数	252 000字
版次	2017年5月第1版
印次	2017年5月第1次
印数	1～5 000
书号	ISBN 978－7－5454－5228－0
定价	36.00元

如发现印装质量问题，影响阅读，请与承印厂联系调换。
发行部地址：广州市环市东路水荫路11号11楼
电话：（020）38306055　37601950　邮政编码：510075
邮购地址：广州市环市东路水荫路11号11楼
电话：（020）37601980　营销网址：**http://www.gebook.com**
广东经济出版社新浪官方微博：**http://e.weibo.com/gebook**
广东经济出版社常年法律顾问：何剑桥律师

PREFACE | 前言

中国平安保险（集团）股份有限公司（以下简称“中国平安”“平安”“公司”“集团”）是国内金融牌照最齐全、业务范围最广泛、控股关系最紧密的个人金融生活服务集团。平安集团旗下子公司包括平安寿险、平安产险、平安养老险、平安健康险、平安银行、平安信托、平安证券、平安大华基金，涵盖金融业各个领域，已发展成为我国少数能为客户同时提供保险、银行及投资等全方位金融产品和服务的金融企业之一。

经过多年的部署和努力，平安互联网业务蓬勃发展，互联网用户规模高速增长，数据显示，截至2016年9月30日，中国平安互联网用户规模约3.37亿，年活跃用户量2.29亿，公司移动端累计用户量2.22亿。

2016年7月25日，全球领先的品牌咨询和设计公司Future Brand发布了全球品牌100强*Future Brand Index 2016*，中国平安凭借领先的创新能力及品牌感知排名榜单第17位，位列全球金融企业第一品牌，亦在中国上榜企业中排名第一。

根据该榜单，平安在目的、创新和可靠性3个指标获得较高的品牌感知评分，这一调查的数据来自于全球17个国家。在对平安品牌的调查中，超过60%的受访者认为，无论在过去3年里，还是在当前，平安都是一家不断进取的企业，并具有较强的发展潜力。

一个能在传统银行业务和互联网金融业务互相为敌，保险行业竞争异常激烈的时代，同时将传统银行（平安银行）、互联网金融（如陆金所、前海征信、金融互联网业务）和保险业务都玩得得心应手，从业人员超过百万人的巨无霸公司，其背后的战略逻辑，的确值得玩味和关注。

那么，是什么让中国平安在28年来能够持续发展，并赢得业界尊重？中国平安成功的秘诀是什么？中国平安是如何成长的？带着这一系列问题，我们通过《平安，不单做保险——中国平安怎样走进世界500强》一书，试图从以下几个方面对中国平安进行解读，以了解中国平安在不断求新求变的道路上是怎么发展壮大的。

★中国平安的国际范

★中国平安与马明哲

★中国平安的诞生

★中国平安的发展

★保险，中国平安之基石

★银行，中国平安之枝干

★投资，中国平安之发展

★中国平安互联网金融

★中国平安的合作共赢

★中国平安在竞争中强大

★中国平安的企业文化

★中国平安的社会责任

在不同人的眼中，中国平安有着不同的形象，编者只是从个人的思维角度对中国平安进行观察、解读。在本书的编写过程中，由于编者水平有限，加之时间仓促，错误疏漏之处在所难免，敬请读者批评指正。同时，部分图片与文字内容引自互联网媒体，请原作者看到本书后及时与编者联系，以便支付稿酬。

编者

2017年5月

CONTENTS | 目 录

马明哲在自己的著作《繁荣危机》一书扉页上写了一句话："谨以此书献给我愿一生为之奉献的中国保险业。"他说："这才能代表我的心声。我非常热爱保险事业。"马明哲经营管理的思想和理念在这句话里得到了最好的概括。

1988年，中国保险业已全面复苏，且当时中国保险业刚刚打破一家独大的局面，在这个时候，马明哲等13人建起的第一家股份制保险公司——中国平安，可谓是天时、地利、人和。

28年前，平安是在深圳蛇口诞生的一家小公司。28年后，平安是在世界舞台舒展长袖的金融集团。28年间，平安的成长折射着中国金融业的巨变。今天，平安集团起于保险，志在综合金融集团的理想，正在一步一步实现。而其跻身世界500强的速度和辉煌成就更是举世瞩目。

保险业务是中国平安的核心业务之一。中国平安由经营单一的财产保险业务开始，经过多年的发展，逐步建立了以平安寿险、平安产险、平安养老险和平安健康险四大子公司为核心，向客户提供全方位保险产品和服务的完整业务体系。

中国平安通过平安银行经营银行业务。银行业务以“公司、零售、同业、投行”四轮驱动，突出“专业化、集约化、综合金融、互联网金融”四大特色，为客户提供供应链金融、投资银行、同业金融、小微金融、个人消费金融、信用卡、汽车融资、私人银行等全方位综合金融服务。

投资业务是中国平安的另一个重要业务支柱。平安信托、平安证券、平安资产管理、平安海外控股、平安资产管理（香港）和平安大华基金共同构成中国平安投资与资产管理业务平台，致力于满足不同层次客户的投资产品和服务需求。

平安互联网金融业务将持续深化“一扇门、两个聚焦、四个市场”战略体系建设，通过“线上获客、线下迁徙”推动互联网金融用户与传统金融客户相互转化。围绕“医、食、住、行、玩”等生活场景，建立领先的互联网金融产品及服务平台，让平安的用户在丰富的金融、生活环境中享受一站式的高质量服务。

中国平安一直都秉承共赢的理念与社会各界展开合作，而在合作对象选择上，不仅有各种企业单位，还与各地区有合作，这也为中国平安更长远的发展奠定了坚实的基础。

第十章　中国平安的企业文化 / 179

平安文化是一个大家常常议论的话题，包括令员工既焦虑又亢奋的末位淘汰制度，还有平安独特的晨会、司歌以及鞠躬等礼仪制度……这些由平安开风气之先的举措，许多已被同业借用。

导读　中国平安的国际范

重金聘请外籍高管

请外来和尚念经

马明哲曾说，“不管白猫、黑猫，还是洋猫、土猫，抓到老鼠就是好猫”“不管海外人才还是本土人才，只要能将公司发展起来，并且带领公司保持持续领先，就是好人才”。“重金聘请外来和尚念经”不仅始于平安，而且至今仍是平安的特色之一。同时，平安的高速发展也充分证明了“外来和尚”功劳卓著。

“外来和尚”“空降部队”大多时候很难适应新土壤，但是，平安先后聘请过百位外籍管理人才，并且这些外籍管理人才大多做到了兼容并蓄、各展才华。平安之所以能做到这一点，关键在于平安真正意识到聘请“外脑”的意义所在。

外来专家助力寿险起步

平安保险创始初期就引入了包括黄宜庚、郑舜文、董秉琨等在内的台湾寿险界资深专家，使得寿险业务在从零起步的5年中，每年保持了50%的惊人增长。之后，平安保险的成功离不开来自香港的高管梁家驹、张子欣；平安银行的成功离不开美国人理查德行长；斯蒂芬·迈尔为平安建立了国际领先的精算体系，香港人叶素兰则为平安建立了国际化的风险合规体系。现在在行业内风生水起的陆金所董事长是美籍人士计葵生，而新近宣布成立的平安普惠金融CEO则是韩国籍赵容奭先生。

“外脑”的价值所在

当平安成长为千亿元级资产的“巨轮”时，就迫切需要找到帮助驾驶“巨轮”，在国际水域自由航行的“大副”“二副”和“水手们”。外来高手如何适应中国的市场环境并发挥其优势？马明哲的体会是，给外籍“球员”一根和以前打国际比赛同样的“标准球杆”，这“球杆”就是发挥才能的职位、工作的资源以及与国际接轨的薪酬。当这些“外脑”为平安创造了巨大价值时，员工们也不再眼红“外脑”与国际接轨的高薪水。

马明哲坦言：“正是外籍员工把平安带向国际水准，并帮助我们赢得了宝贵时间，本土员工也获得了非常难得的学习和锻炼机会。”

互联网+综合金融战略

取得显著进展

胡祖六说过，平安成功避免了不规范、欠专业、急功近利的小企业病，也避免了官僚、保守的大企业病。当互联网金融携时代的春风来临时，一切商业模式均面临着“互联网+”的挑战，大批基于“互联网+”的新型业态也将相继诞生。金融巨头平安对此新变局反应之快、行动成效之显著再次震撼业界。

经过数年的积极探索及培育，平安集团将金融业务融入“医、食、住、行、玩”的生活场景中，互联网金融模式创新获得了显著进展，已形成“一扇门、两个聚焦、四个市场”的互联网金融战略体系。

一扇门、两个聚焦、四个市场

“一扇门、两个聚焦、四个市场”的战略体系就是通过“任意门”（“任意门”是中国平安旗下战略性产品平台）衔接起丰富的应用场景，聚焦于资产管理和健康管理推动大数据的挖掘、分析及应用，搭建起资产交易市场、积分交易市场、汽车交易市场以及房产金融市场，为客户提供一站式金融生活服务。

注重创新

此外，随着科技的高速发展与市场环境的变革，移动互联、云计算等新兴信息技术对金融服务的影响越发凸显。在创新领域，平安重视新技术的研究及探索，利用移动互联、云计算等新技术，推动客户迁徙，协助业务建立差异化核心竞争力。

移动互联方面，平安互联网世界的连接平台“任意门”，已嵌入平安最常用的APP内，同时提供更多插件，覆盖了“医、食、住、行、玩”的生活应用场景，让客户通过选择“任意门”，在丰富的金融、生活环境中享受一站式的服务。

相关链接》》

中国平安位列FutureBrand全球品牌100强榜单17位居全球金融企业第一

2016年7月25日，全球领先的品牌咨询和设计公司Future Brand发布了全球品牌100强（*Future Brand Index 2016*），中国平安凭借领先的创新能力及品牌感知排名榜单第17位，位列全球金融企业第一品牌，亦在中国上榜企业中排名第一。

根据该榜单，平安在目的、创新和可靠性3个指标获得较高的品牌感知评分。这一调查的数据来自于全球17个国家。在对平安品牌的调查中，超过60%的受访者认为，无论在过去3年里，还是在当前，平安都是一家不断进取的企业，并具有较强的发展潜力。

2016年FutureBrand指数的样本来自普华永道（PWC）全球资产前100名的企业，但其评选的维度并非金钱多少，而是感知，从而预测这些品牌未来的走向。

榜单主要从6个维度18个指标对上述100家企业进行评估。6个维度包括：与用户之间建立强烈的情感联系、在痛点上给出从经验得出的结果、让人的生活得到提升、引人入胜的未来视角、对原有的范畴进行重新定义、创造可持续价值。18个具体指标包括：Personality（魅力）、Story（情怀）、Trust（信任）、Consistency（持续性）、Seamlessness（无漏洞）、People（人）、Pleasure（令人高兴）、Wellbeing（幸福）、Respect（尊敬）、Purpose（目的）、Inspiration（灵感）、Authenticity（可靠性）、Innovation（创新）、Thought Leadership（思想领导力）、Individuality（个性）、Indispensability（不可缺少）、Resource Management（资源管理）、Price Premium（溢价）。

中国平安表示，能够获评FutureBrand全球金融企业第一得益于平安广大客户对公司长期的支持与认可。中国平安一直以来贯彻“专业，让生活更简单”的品牌理念，不断优化产品和服务质量，致力于产品及服务创新，旨在进一步改善和提升客户体验。这些措施包括：平安人寿通过“平安金管家”APP为广大客户提供便捷及时的保险服务和健康管理服务；平安产险通过“平安好车主”APP为广大车主提供聚合式、一站式的用车消费体验；平安银行和信用卡等业务机构则积极在互联网金融领域进行布局，为客户提供“简单、好玩、赚钱”的线上金融服务。

未来，中国平安将在传统金融保持快速、健康增长的基础上，进一步拓展互联网金融业务，持续提升客户生活品质，让品牌的感知保持继续增长。

第一章
中国平安与马明哲

导言：

马明哲在自己的著作《繁荣危机》一书扉页上写了一句话：“谨以此书献给我愿一生为之奉献的中国保险业。”他说：“这才能代表我的心声。我非常热爱保险事业。”马明哲经营管理的思想和理念在这句话里得到了最好的概括。

第一节　马明哲是谁

马明哲简介

马明哲生于1955年12月，经济学博士，中国平安保险（集团）股份有限公司董事长兼CEO。第十届、第十一届全国政协委员，中南财经大学货币银行学博士。

作为中国平安保险（集团）股份有限公司的创始人，自公司于1988年成立开始，马明哲便带领中国平安从无到有，从小到大，在不到30年时间里，从仅有13名员工的单一财产险公司成长为中国三大综合金融集团之一，业务范围覆盖产险、寿险、养老金、健康险、银行、证券、信托、资产管理、基金等全金融领域，进入世界500强。该集团在中国近千个城市设有营业机构，拥有5600多万个个人客户、400万个企业客户，员工和代理人队伍逾56万人。中国平安在香港、上海两地上市，市值位居全球金融企业前20位、全球保险集团第3位，是截至2016年中国唯一一家跻身《福布斯》世界500强的非国有金融机构，名列第20位。

职业经历

马明哲的职业经历主要分为两个阶段：创办中国平安前与创办中国平安后。如下图所示。

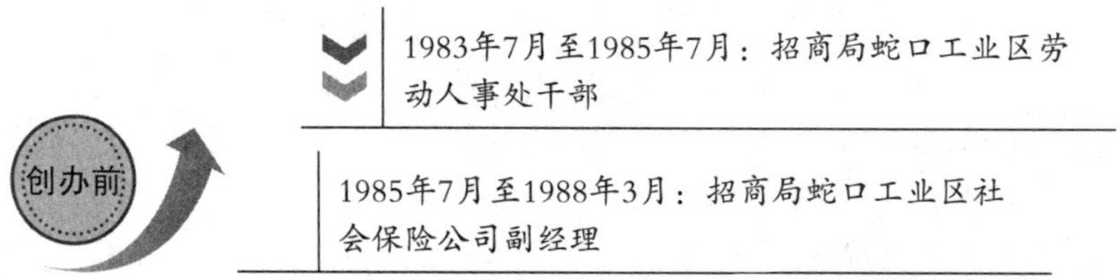

创办后

1988年3月至1992年9月：中国平安保险公司董事长兼总经理

1992年9月至1994年4月：中国平安保险公司副董事长兼总经理

1994年4月至2002年2月：中国平安保险股份有限公司董事长兼总经理

2002年至今：中国平安保险（集团）股份有限公司董事长兼CEO

马明哲的职业经历

所做贡献

马明哲是中国金融业在改革创新方面最具代表性的企业家之一。在其领导下，中国平安在体制、机制、内控、财务管理、产品开发、市场营销、保险投资、信息技术和职业教育等领域进行了积极探索，许多重大创新都走在中国金融行业前列，为推动中国金融业的改革与发展做出了积极贡献。马明哲长期致力于金融保险领域的专业理论研究，出版了一系列学术论文和著作，在海内外产生了较大影响。

马明哲积极投身中国慈善事业，与家人共同出资成立了明园慈善基金，致力于扶贫帮困和赈灾、关爱妇女儿童以及贫困地区青少年成长、支持文化发展等公益慈善事业。

业内评价

保险圈子里的人说：“马明哲不是人，是神。”一位国内保险公司的董事长称马明哲是其偶像，他说：“我最佩服的人是平安的董事长马明哲，我想的事他肯定想到了前面，我没有想到的事他也想到了。他做事总是具有前瞻性。”

相关链接

马明哲、邵平荣登《财富》“中国最具影响力的50位商界领袖”

2016年4月14日，知名商业杂志《财富》（中文版）发布2016“中国最具影响力的50位商界领袖”排行榜，中国平安董事长马明哲及平安银行行长邵平均入选该榜单，分别位列榜单第7位及第46位。

马明哲为榜单前10位名单中唯一一位来自金融企业的高管。这是继早前马明哲荣登《财富》“2015年度全球商业人物”50强榜单第18位后，再次获得由该杂志颁发的商界领袖荣誉。

在行业整合的市场环境下，主办方对于马明哲带领中国平安坚持综合金融与互联网并重的发展方向，多元化业务亮点突出的成绩给予了高度肯定。评审在榜单中介绍道：“中国平安集团2015年的总市值名列全球上市保险公司的第2位，互联网金融业务成为平安2015年的突出亮点。全年平安互联网业务累计用户超过2亿。”

主办方认为，邵平是一位值得关注的跨界变革者。评审评价道：“金融业是审慎为先的行业，经常被跨域竞争者批评过于保守和迟钝。而平安银行行长邵平在这方面却是一个‘异类’。他认为物联网是工业革命4.0和第三次信息产业革命的交汇点。2014年，平安银行首先进入了汽车领域，通过引入感知卡，实现对汽车的智能监管。2015年，平安银行将物联网智能监管拓展到钢铁行业当中：通过引入感知罩、感知箱等物联网传感设备，实现对钢材的智能化管理。在金融边界日益模糊的今天，邵平是一位值得关注的跨界变革者。”

2015年，中国平安不仅在各项业务中保持快速、健康增长，公司长达10余年的战略布局和近年来的多项模式创新亦开始开花结果。数据显示，2015年中国平安实现净利润651.78亿元（人民币，下同），同比增长36.0%；公司总资产约4.77万亿元，同比增长19.0%。个人客户总量近1.09亿，互联网用户量约2.42亿，用户、客户迁徙效果显著。

平安银行在2015年实现净利润218.65亿元，同比增长10.4%。2015年年末，银行总资产达2.51万亿元，资产质量稳定。过去一年，平安银行在互联网金融领域收获颇丰。“橙e网”已有注册用户163万，2015年网络融资发放额超过210亿元；“行E通”2015年在线交易额突破6000亿元。

《财富》（中文版）“中国最具影响力的50位商界领袖”是颇具影响力的商界人物排行榜。2016年的评选强调领袖人物的“跨界的思维与合纵连横的格局观”。过去的一年是去边界的一年，跨界竞争、合作比比皆是；同时，也是整合的一年，很多行业领先者被迫合体，以获得上下游更强的议价能力和话语权。

主办方指出，这次选出的50人，无论起步时的技术和管理水平发展到了什么阶段，今天他们都在寻找新的工具、渠道、管理方式，以提升效率和产品、服务体验，助力中国平安走得更远。从这些商业操作来看，他们几乎都在缔造一种“平台经济模式”。在2016年的“中国最具影响力的50位商界领袖”中，马化腾、任正非、张士平、马云均位列其中。

相关链接》》

中国平安董事长马明哲荣登《财富》2015年度全球商业人物第18位

2015年12月8日，知名杂志《财富》正式发布“2015年度全球商业人物”50强榜单，中国平安董事长兼首席执行官马明哲博士名列第18位。主办方对马明哲博士带领中国平安把握中国中产崛起的趋势、业务多元化并屡创佳绩给予了高度肯定。

“2015年度全球商业人物”50强榜单中排名首位的是Nike首席执行官Mark Parker，其后依次为Facebook首席执行官Mark Zuckerberg与Electronic Arts首席执行官Andrew Wilson。中国今年共有4名企业家上榜，“三马”均在其列，除马明哲排名第18位，马云和马化腾分别位列第25位及第27位。

评审在榜单中评价道：“中国经济在放缓？平安，中国的寿险巨头，第三季度单季净利润同比增长32%（前三季度净利润同比增长52.4%）。创始人马明哲巧妙地把握了中国中产阶级的崛起。中国平安的业绩一向出色，因为公司已多元化至进入银行及金融业务，据其公布，平安现已拥有1.45亿名互联网金融用户。标准普尔Capital IQ显示，平安12个月的收入达1050亿美元，相对2010年总收入增长超过了3倍，而其88亿美元的利润较2013年将近翻倍。”

2015年以来，中国平安继续保持核心金融业务和互联网金融业务并进的战略，其中保险业务实现稳健增长，品质优良；银行业务规模持续增长，盈利能力保持稳定；投资业务把握市场机遇，业务转型初见成效；互联网金融业务继续加强布局，积极推进业务整合，协同效应逐步显现。

数据显示，截至2015年9月30日，在核心金融业务稳健发展的同时，中国平安持续布局的互联网金融业务高速增长。2015年前三季度，公司实现归属于母公司股东的净利润482.76亿元人民币，同比增长52.4%；截至2015年9月30日，归属于母公司股东权益为3283.37亿元人民币，较年初增长13.4%；公司总资产约4.67万亿元人民币，较年初增长16.5%。

《财富》杂志的“年度全球商业人物”榜单是颇具影响力的商界人物排行榜，2015年的评选中强调了商界领袖为各自公司带来实质成果的能力。评选的10项指标包括：财务业绩，包括领导企业过往12个月及36个月的利润和收入增长；企业股价表现；同期整体股东回报；资本负债比；等等。非财务因素如商业影响力、领导风格、战略举措，也是评选的考量标准。

……

第二节　中国平安

中国平安简介

中国平安于1988年诞生于深圳蛇口，是中国第一家股份制保险企业，至今已发展成为集保险、银行、投资三大主营业务为一体，核心金融与互联网金融业务并行发展的个人金融生活服务集团之一。公司为香港联合交易所主板及上海证券交易所两地上市公司，股票代码分别为2318和601318。

中国平安logo

中国平安官网首页截图

致力于金融服务

中国平安致力于成为国际领先的个人金融生活服务提供商，坚持“科技引领金融，金融服务生活”的理念，通过“综合金融+互联网”和“互联网+综合金融”两个模式，聚焦大金融资产和大医疗健康两大产业，围绕保险、银行、资产管理、互联网金融四大板块，为客户创造“专业，让生活更简单”的品牌体验，获得持续的利润增长，向股东提供长期稳定的价值回报。在用户、客户及迁徙方面，持续以客户为中心，为客户提供完善的金融服务，以实现“一个客户、一个账户、多项服务、多个产品”为目标，积极推进用户、客户间的迁徙。核心金融业务方面，向客户提供专业的一站式金融服务，并利用互联网升级综合金融模式，扩大服务范围，提升服务效率和体验。在互联网金融业务方面，围绕用户的“医、食、住、行、玩”需求，不断完善线上平台，提供多种服务和产品，将金融嵌入线上生活服务。

业务范围

中国平安是国内金融牌照最齐全、业务范围最广泛、控股关系最紧密的个人金融生活服务集团。平安集团旗下子公司包括平安寿险、平安产险、平安养老险、平安健康险、平安银行、平安信托、平安证券、平安大华基金，涵盖金融业各个领域，已发展成为中国少数能为客户同时提供保险、银行及投资等全方位金融产品和服务的金融企业之一。此外，经过多年的部署和努力，2015年平安互联网业务蓬勃发展，互联网用户规模高速增长。截至2015年12月31日，平安互联网用户规模约2.42亿人，较年初增长75.9%；互联网金融公司的用户规模近1.83亿人。

公司规模

中国平安拥有87万名寿险销售人员和约27.5万名正式雇员。截至2015年12月31日，集团总资产达4.77万亿元，归属母公司股东权益为3342.48亿元。从保费收入来衡量，平安寿险为中国第二大寿险公司，平安产险为中国第二大产险公司。

【拓展阅读】中国平安所获荣誉

中国平安所获荣誉

2016年7月13日，《财富》（中文版）发布2016年度中国500强榜单，中国平安凭借6190.99亿元人民币的营业收入及542.03亿元人民币的利润首次进入中国前10榜单，名列中国榜单第8位，金融企业第2位，再度蝉联中国内地非国有企业第一位。

2016年6月12日，全球领先调研机构Millward Brown（华通明略）发布2016年度BrandZ最具价值全球品牌100强榜单，中国平安凭借169.10亿美元的品牌价值，位列榜单第57位，一举摘得“保险行业全球第一品牌”称号，并位列全球金融品牌第10名。

2016年5月26日，美国《福布斯》杂志发布了2016年“全球上市公司2000强”排行榜。中国平安连续12年入围该榜单，位列全球第20位，并在中国内地入围企业中排名第七，继续在中国保险企业中位列第一。同时，在全球金融企业排名中，中国平安名列第十。

2016年4月15日，品牌评级权威机构Chnbrand发布2016年（第六届）中国品牌力指数（C-BPI）品牌排名和分析报告。中国平安旗下平安人寿、产险分获人寿险领域“第一品牌”称号、财产保险与汽车保险领域“第一品牌”称号，其中平安人寿连续2年获此殊荣，平安产险则是连续6年登顶财产与汽车保险品牌No.1。

2015年9月15日，布兰登霍尔卓越奖（Brandonhall Excellence Awards）在美国公布，这也是该奖项设立以来首次登陆中国。中国平安旗下移动学习平台“知鸟”包揽布兰登霍尔卓越奖“最佳移动学习应用”金奖和“领先学习技术”铜奖，成为第一家获此殊荣的中国企业。

2015年7月22日，《财富》杂志2015年度世界500强排行榜正式揭晓，中国平安首次进入全球前100榜单，名列全球第96位，再度蝉联中国内地非国有企业第1位。此外，在2015年度《财富》中国500强排行榜中，中国平安位列第11位。

2014年7月7日，《财富》杂志2014年度世界500强排行榜中，中国平安荣登第128位，又一次蝉联中国内地非国有企业第1名。

2014年5月8日，《福布斯》全球上市公司2000强排行榜发布，中国平安保险（集团）股份有限公司第10次入围该榜单，荣登全球第62位，在中国内地入围企业中排名第7位。

2013年10月，世界高端品牌传播服务集团WPP旗下权威调研公司Millward Brown发布的2013年最具价值全球品牌100强名单中，中国平安位列第84位。

2013年7月，中国平安第7次蝉联亚洲著名公司治理杂志*Corporate Governance Asia*公布的亚洲企业管治大奖，中国平安集团董事长马明哲第三年荣获亚洲企业董事奖。

2012年，中国平安获得国际知名财经杂志《财资》2012年度3A企业大奖——白金奖，成为唯一一家连续4年获奖的保险企业。

2011年1月，国际知名财经杂志《欧洲货币》向全球公布2011年度亚洲最佳管理公司排名，中国平安第3次荣获“亚洲最佳管理保险公司”称号，也是2011年亚洲地区唯一一家进入该排名的保险公司。

2010年12月，中国平安在《投资者关系杂志》2010年度大中华区大会暨颁奖典礼上，获得最佳投资者关系——首席执行官、最佳投资者关系网站/网络传播两项大奖及蝉联最佳投资者关系——非国有企业一项大奖，成为唯一一家获奖的中国保险企业。

2009年12月，2009年度第一财经中国企业社会责任榜在上海揭晓。中国平安获评2009年度第一财经中国企业社会责任榜杰出企业奖——社会贡献奖。

2009年11月，2009年度最佳社会责任报告大奖在北京揭晓，中国平安首度披露的2008企业社会责任报告，以72.09分的最高得分名列所有A股企业榜首，成为本年度最佳社会责任报告。

2008年12月，由国际知名投资者关系刊物*IR Magazine*主办的中国内地投资者关系奖项在京揭晓。中国平安荣获大市值、非国有企业组别的最佳企业管治等四项大奖，并成为入选企业中唯一的保险金融集团。

2008年8月，著名商业杂志《福布斯》中文版发布针对中国大型非国有企业的2008年度中国顶尖企业榜，中国平安首次入榜即荣列第一。

2007年11月，在被公认为亚太地区保险公司和再保险公司荣誉和威望象征的“亚洲保险行业奖”评选中，中国平安作为唯一入围的中国保险公司，摘得2007年最佳社会责任大奖。

2007年6月，中国平安被亚洲著名杂志*Corporate Governance Asia*及亚洲企业各界联合授予亚洲企业治理2007年度杰出表现奖，并成为首次入围的中国内地金融及保险企业。

相关链接》》

中国平安首次进入世界500强前50强 位列41居中国保险业第一

2016年7月20日，2016年度《财富》世界500强排行榜正式揭晓，中国平安凭借领先的业务规模、强劲的业绩增长及卓越的综合竞争力，跻身全球前50强，名列第41位，较2015年上升55位，蝉联中国内地非国有企业第一，同时位居中国保险企业第1位。此外，在2016年度《财富》中国500强排行榜中，中国平安位列第8位，较2015年上升3位。

《财富》杂志每年评选及发布的世界500强排行榜被视为衡量全球大型公司最著名、最权威的榜单，被誉为“终极榜单”。该榜排名以公司年度收入和利润为主要评定依据，是国际上衡量商业企业影响力、规模和实力最主要的参照指标。根据2016年榜单，中国平安2015年营业收入高达1103.08亿美元，利润为86.25亿美元。

各项权威榜单和数据显示，在市值、利润、销售收入和总资产等方面，中国平安已成为中国第一大保险公司。美国《福布斯》最新全球上市公司2000强排行榜中，平安排名全球第20位，在中国保险企业中位列第一；而2016年度BrandZ最具价值全球品牌100强榜单亦显示，中国平安位列榜单第57位，一举摘得“保险行业全球第一品牌”称号。

近年来，中国平安不仅在各项业务中保持快速、健康增长，集团长达10余年的战略布局和近年来的多项模式创新亦开始开花结果。截至2015年年末，中国平安归属于母公司股东权益为3342.48亿元，较年初增长15.4%；公司总资产约为4.77万亿元，较年初增长19.0%，近5年的年复合增长率达20.2%；归属于母公司股东的净利润为542.03亿元，同比增长38.0%，近5年的年复合增长率达29.2%。截至2015年12月底，中国平安拥有个人客户总量近1.09亿人，互联网用户量约2.42亿人，其中移动端累计用户数为1.07亿人，用户在核心金融公司与互联网金融公司间的迁徙超过千万人次，用户、客户迁徙效果显著。

在实现卓越业绩增长的同时，中国平安积极履行社会责任，多年来在教育慈善、环境保护及志愿者服务等公益事业中持续投入，深耕发展，获得广泛的社会褒奖：连续14年获评“中国最受尊敬企业”，连续9年荣获“最具责任感企业”称号，多次荣获国际环保大会颁发的国际碳金奖等荣誉。

中国平安表示：“非常高兴进入《财富》世界50强，并跻身中国保险业第一，这是对我们过去一年所取得成绩的莫大肯定，同时也进一步鼓舞我们不断创新、追求卓越。如今，平安已进入3.0时代，我们不再局限于平安内部的综合金融，而是将‘互联网+金融’的发展模式向全行业开放，携手金融同业伙伴，共同利用新科技，打造更加强大的、开放式互联网金融服务平台。未来，我们将致力于与公司全体员工及合作伙伴一起，继续将中国平安打造成为‘国际领先的个人金融生活服务提供商’。”

2016年，中国平安正式开启打造“开放平台+开放市场”的3.0时代，并聚焦大金融资产和大健康医疗，坚持以个人客户为中心，不断优化客户体验，保险、银行业务稳健增长，资产管理业务结构不断优化，互联网金融业务保持快速增长。未来将不断提升客户经营水平，推进用户、客户的迁徙，深化业务创新，建立差异化核心竞争力，致力为股东、客户、员工、社会带来更大的回报。

据悉，2016年的《财富》世界500强的入围门槛为209.2亿美元；总收入达27.6万亿美元，总利润为1.48万亿美元。中国上榜公司（包括港台）数量继续增长，2016年达到了110家。13家中国内地公司首次上榜。

相关链接》

中国平安跻身《财富》中国500强前10位列第8

《财富》（中文版）发布的2016年度中国500强榜单中，中国平安名列第8位，平安银行亦凭借卓越的业绩表现位列榜单第61位，较2015年上升16位。

榜单指出，受惠于2015年A股市场的波动，业务和股市相关度较高的企业从中享受到了福利。从收入增长统计的角度看，按照《财富》杂志的行业分类标准，前500名的口径下，证券业、保险业以及多元化投资金融业分别以149%、22.8%和20.1%位列所有行业收入增速的第1、第3和第4名，而从利润的角度看，排名顺序亦如此。

2015年，平安不仅在各项业务中保持快速、健康增长，集团长达10余年的战略布局和近年来的多项模式创新亦开始开花结果。

平安银行在2015年持续创新商业模式，业务结构日趋健康，实现净利润218.65亿元；吸收存款总额及发放贷款和垫款总额分别达17339.21亿元和12161.38亿元，分别较年初增长13.1%和18.7%，增速保持同业领先。

《财富》指出，本次500家上榜企业的总营业收入约为30.77万亿元，较2016年增长1.2%；净利润达2.74万亿元，增长约1.5%；营业收入和利润增幅较去年（分别为5%和6%）均出现明显下滑。今年企业上榜的年营收门槛为96.08亿元。

榜单显示，除中国平安外，同时进入《财富》中国500强前10名的企业还包括：中国石化、中国石油、中国建筑、工商银行、上海汽车、中国移动、中国中铁、建设银行及中国铁建。

相关链接》》

中国平安荣获“亚洲最受尊敬企业”

2016年7月6日，国际知名财经杂志《机构投资者》公布其2016年度“亚洲区（日本除外）最佳企业管理团队”（*2016 All-Asia Executive Team*）榜单，中国平安保险（集团）股份有限公司凭借出色的企业管理和领导能力以及专业的投资者关系工作成绩，于评选中取得骄人成绩，获大会评为“亚洲最受尊敬企业（Most Honored Company）”之一。中国平安是本次唯一入选“亚洲最受尊敬企业”的中国金融公司。

此外，在该活动对金融机构——保险业类别企业的评选中，中国平安还荣获多个奖项，其中包括：中国平安董事长兼首席执行官马明哲获评“最佳首席执行官”，集团首席财务执行官姚波和董事会秘书金绍樑分别获评“最佳首席财务官”和“最佳投资者关系专员”，中国平安在“最佳分析师日”及“最佳网页”项目评选中，均排名第一，在“最佳投资者关系公司”奖项评选中位列第二。

据介绍，2016年度“亚洲区（日本除外）最佳企业管理团队”评选活动共有横跨18个领域的1541家企业获提名竞逐奖项。获奖名单由来自582家金融机构的1394名投资专业人士投票得出。

近年来，中国平安的业务持续稳健发展，不仅在核心金融业务中保持快速、健康增长，集团长达10余年的战略布局和多项模式创新亦开始开花结果，业务规模与企业实力持续壮大。2015年，中国平安实现净利润651.78亿元（人民币，下同），实现归属于母公司股东的净利润542.03亿元，成为全球最大的金融企业之一。截至2015年年底，集团持有核心金融公司产品的个人客户数近1.09亿人，互联网用户总量达2.42亿人。

中国平安表示，我们非常荣幸能于“亚洲区（日本除外）最佳企业管理团队”评选活动中荣获“亚洲最受尊敬企业”等多个奖项，这亦体现了资本市场对集团在投资者活动、企业管治和信息披露等方面工作的肯定。一直以来，中国平安在严格尊重相关法律、法规要求的基础上，致力于不断完善企业管治结构和提升投资者关系工作水平。中国平安通过不同渠道积极响应利益相关方对我们业务的关注与要求，并积极就集团的业务动向和业绩情况向市场进行介绍，以增加市场对中国平安的关注与了解，强化其对中国平安前景的信心。未来，中国平安将一如既往，以最高标准推进企业管治和投资者关系方面的工作，包括继续完善高透明度的信息披露制度，为股东、客户、员工和社会创造长期稳定的价值。

相关链接》》

中国平安荣登《福布斯》全球2000强第20位蝉联中国保险企业第一

2016年5月26日，美国《福布斯》杂志发布了2016年全球上市公司2000强排行榜（*Forbes Global 2000*）。得益于营业收入、利润和资产规模等各项业绩指标的强劲增长，中国平安保险（集团）股份有限公司连续12年入围该榜单，排名较2015年跃升12位，位列全球第20位，并在中国内地入围企业中排名第七，继续在中国保险企业中位列第一。同时，在全球金融企业排名中，中国平安名列第十。

2015年，平安不仅在各项业务中保持快速、健康增长，其长达10余年的战略布局和近年来的多项模式创新亦开始开花结果。2015年，平安持续以客户为中心，不断探索和升级客户经营模式，提升客户服务和体验。在传统的“先产品，再服务”的综合金融客户经营模式取得显著成绩的同时，积极探索“先服务，再多项服务，后多个产品”的创新客户经营模式，并取得显著经营效果。

经过多年部署和孕育，中国平安在核心金融公司积极拥抱互联网的同时，互联网金融公司各项创新业务实现高速增长。截至2015年年底，陆金所平台累计注册用户数达1831万人，较年初增长257.6%，成为首个突破千万用户的专业互联网金融交易信息服务平台；活跃投资用户数363万人，较年初增长近10倍。通过陆金所平台交易的资产规模保持高速增长，自陆金所成立至2015年年底，累计总交易量达18146亿元。“平安好医生”APP平台建立国内规模最大的全职网络医生团队，2015年为超过3000万个用户提供服务，日活跃用户数峰值突破130万人，日咨询峰值突破12万条，是国内在线健康医疗第一入口。

作为全球公认的商业企业排行榜，名列《福布斯》全球2000强榜单中的企业通常被认为世界规模最大、实力最强和最具影响力的企业。2016年登上榜单的公司来自63个国家和地区，总资产价值162万亿美元。其中上榜的中国企业有172家，总资产价值24.8万亿美元，中国工商银行、中国建设银行及中国农业银行包揽榜单前三名。

相关链接》》

中国平安荣膺深圳“市长质量奖”唯一大奖

2016年5月25日，深圳市质量大会召开，代表深圳质量最高荣誉的2015年度“市长质量奖”同时揭晓，中国平安保险（集团）股份有限公司（以下简称“平安集团”“平安”）凭借卓越的质量管理体系、高标准的客户服务、独具竞争力的金融创新以及可持续的业务增长，荣膺“市长质量奖”唯一大奖，并获得深圳市政府颁发的200万元最高奖励基金，成为“深圳质量”的标杆企业。

国家质检总局副局长梅克保、深圳市市长许勤出席了大会。许勤向平安集团党委书记、副总经理陈克祥颁发了“市长质量奖”大奖的奖杯。陈克祥在会上表示，平安将继续坚定贯彻质量发展理念，推动“综合金融+”和“互联网+”的发展战略，通过不断优化金融服务方式和产品，提供更佳的金融服务体验，更好地服务于实体经济。

中国平安表示，自创立以来，平安始终将企业命运融入国家大局、城市战略，坚持“在竞争中生存、在创新中求发展”。在中国进入质量效益型发展新常态后，平安更加注重经营管理品质及发展质量，追求“更高质量、更有效率、更富效益、更可持续”的发展目标，自觉在促进中国金融业高端发展、进军全球中发挥探路先锋作用。

据悉，平安集团持续推动“一个客户，一个账户，多个产品，一站式服务”的金融工程，坚持“专业，让生活更简单”的服务理念，以专业为客户提供简单、便捷的服务，致力于提升客户体验，为客户创造更大的价值。

此外，平安不断优化提供服务的方式，打造全新平台；借助数据分析等手段，更精准地洞察客户需求；凭借互联网思维，开发新形态产品。在互联网金融的探索之路上，平安不断朝着既定目标打造全新互联网金融生活平台，不断推出创新互联网金融产品。陆金所已成为全球交易规模最大的线上金融资产交易平台，平安普惠通过“模式创新、业务创新、体验创新”全方位创新，正不断重新定义消费金融行业标准，成为我国最大的消费金融互联网平台。

据了解，深圳市“市长质量奖”是深圳市政府设立的全市最高质量荣誉，授予在推动全市经济、社会、城市、文化、生态发展和政府服务质量提升上成绩突出、具有显著示范作用、为深圳质量建设做出积极贡献的企事业单位、社会组织及其他组织。在2015年度的评比中，华为、大亚湾核电、大疆等11家单位分获“市长质量奖”其他奖项。

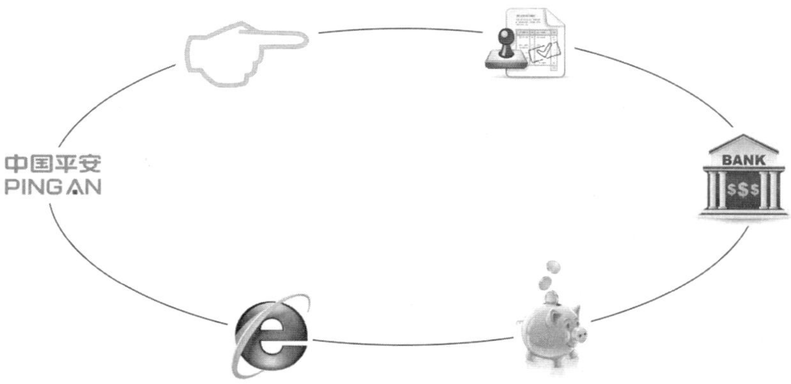

第二章 中国平安的诞生

导言：

1988年，中国保险业已全面复苏，且当时中国保险业刚刚打破一家独大的局面，在这个时候，马明哲等13人建起的第一家股份制保险公司——中国平安，可谓是天时、地利、人和。

第一节　保险行业大环境

保险行业简介

保险业是指将通过契约形式集中起来的资金，用以补偿被保险人的经济利益业务的行业。

保险是指投保人根据合同约定，向保险人支付保险费，保险人对于合同约定的可能发生的事故因其发生而造成的财产损失承担赔偿保险金责任，或者当被保险人死亡、伤残和达到合同约定的年龄、期限时承担给付保险金责任的行为。

中国保险行业

古代保险萌芽

在我国，虽然早在古代就有了后备物质互助机制的保险思想和原始形态的保险，如“委积”制度、“常平仓”制度、“义仓”制度，但我国古代保险的雏形或萌芽没有演变成现代商业保险。

民族保险业诞生

1865年，中国民族保险业诞生，开辟了中国人民自己的保险事业。“五四”运动、“五卅”运动以后，中国民族银行业的发展及对民族保险业的投入，使保险业有了迅速发展，保险业务迅速由上海等地延伸到其他口岸和其他商埠。

保险市场的恢复

1949年以后，中国的国家保险取代了其他形式的保险，这对经济的恢复和发展起到一定的作用。但在1958年农村人民公社化运动的高潮，错误地认为

“一大二公”以后，生老病残和灾害事故统一由国家和集体承办，保险在中国便走向低谷时期。在党的十一届三中全会上，党和国家把工作重点转移到了经济建设上，我国保险市场以此为契机逐渐恢复。

高速发展阶段

20世纪80年代末开始，中国保险市场进入高速发展阶段。

中国保险发展

中国保险市场发展的经济环境

保险市场的发展受到多种因素的影响，而不同的因素对其所做出的影响结果也是大不相同。影响保险业发展的两大因素如下图所示。

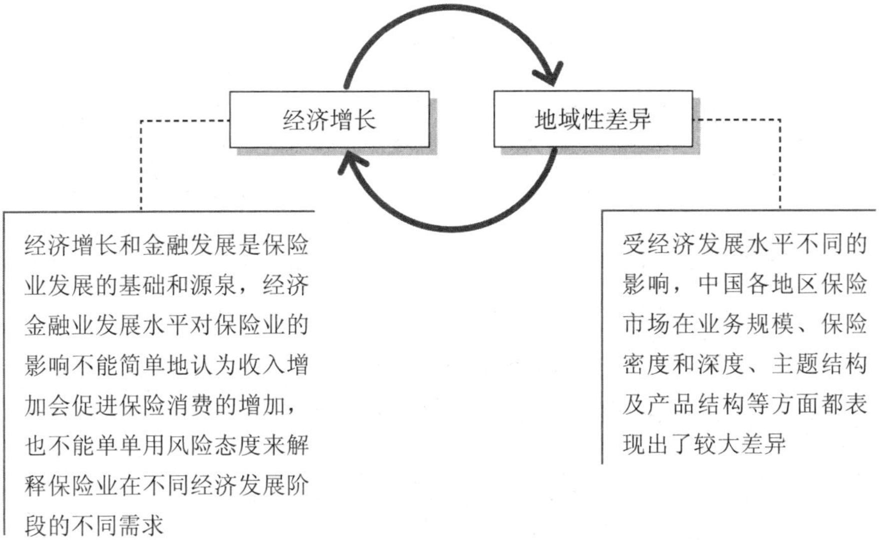

影响保险业发展的因素

保险市场发展措施

为促进保险市场发展，我国采取了一些措施，如下图所示。

措施一 增加保险机构，扩大保险市场

逐步增加中资保险公司的数量；对经营管理水平较高、偿付能力充足、没有严重违法违规行为的股份制公司，增批分支机构；逐步增设一批新的代理、经纪和公估保险中介机构，发展中介市场；适当增加新的再保险公司，培育再保险市场

措施二 深化体制改革，完善市场主体

按照现代企业制度，改造国有保险公司；规范股份制保险公司的法人治理结构，继续执行分业经营政策

措施三 鼓励创新，完善服务

精心设计和不断完善保险品种，提供更多既安全又具有竞争力的险种，满足社会各方面的需要

措施四 防范风险，加强监管

督促保险经营机构建立和完善内控制度，防范和化解经营风险；坚决打击非法保险活动，取缔非法保险机构；规范保险公司和中介机构的经营行为，创造依法经营、公平竞争的环境，严肃查处欺诈和误导投保人的行为，维护保险市场的正常秩序

促进保险发展的措施

相关链接》》

2016年新开10家保险公司 互联网和专业化经营成逆袭良药

2016年，发展得风生水起的保险行业不断有新的掘金者加入，据统计，截至2016年12月中旬，2016年被保监会批复开业的保险公司数量达到了10家，如果加上获批筹建的数量会更多。

新成立的公司中，有9家为财险公司，仅有新华养老一家为人身险公司。

中央财经大学保险学院教授郝演苏表示，财险公司的成立，主要是基于布局考虑，一些还没有设立财险公司的地区，监管机构会考虑批筹，达成产寿结合的布局。

确实，2016年西部欠发达地区也成立了一些保险公司。例如，前海联合财险布局于新疆，而建信财险、珠峰财险则分别布局于青海和西藏。不过成立之后，上述公司都会在发达地区迅速建立分公司，方便开展业务。

与传统保险公司不同，新成立的保险公司更看重互联网技术、大数据技术甚至物联网技术给传统保险业带来的机遇及改变，这些技术在保险行业上的运用，或许能成为新保险公司参与市场竞争时的突破点之一。

这些新的市场面孔表现如何？有何自己的特色及优点？未来如何能在激烈的市场竞争中发展壮大？

两家互联网保险公司受关注

2016年新开业的保险公司中，易安财险、安心财险两家互联网保险公司无疑是市场关注的焦点。继众安保险运营一年即实现盈利之后，市场对于互联网保险公司充满了期待。

新成立的两家保险公司表现确实也不错。新成立的两家保险公司表现亮眼。2016年2月16日开业的易安财险仅运营7个月保费收入就突破了1亿元，11个月突破2亿元，在80家财险公司中排名63位，易安财险表示，公司目前已有72款产品有了保费。保费收入的迅速增长，一方面得益于股东在大数据、个人征信、支付等方面的资源优势，另一方面也得益于互联网保险本身的竞争优势。

据了解，易安财险是银之杰科技有限公司发起设立的互联网保险公司，主要股东有7家，其中银之杰持股15%，股东在金融信息化服务上的技术优势，对易安财险初期发展起到了重要作用。

与易安财险相似，安心保险也是一家互联网保险公司，于2016年1月8日正式获批开业，2016年前10个月，保费收入达0.52亿元，安心保险方面表示，保费收入总量基本符合公司的预期。据了解，这些保费收入主要来源于安心保险重点开发的场景化、碎片化的创新性产品。例如，安心保险首页重点推荐的“安心付”，这是一款嵌入保障投保人因信息遗失等而导致的网络账户损失的保险，投保人每年只需缴纳1.88元，就可以获得最高2万元的保额。“场景化保险保障覆盖面广泛，但件均保费较低，代表了互联网保险的发展趋势，也有利于安心保险培养客户群体。”安心保险相关人士表示。

专业性保险公司增加

2016年年初，国内首家信用保证保险公司阳光信保正式开业。阳光信保将自己定位于一家基于大数据和互联网的平台型专业信用保证保险公司。

阳光信保总裁张见表示，阳光信保在业务上主要对接个人及机构两个方面，个人方面则包括房屋、车辆及消费金融。而机构方面则选择与金融机构和工商企业合作，例如，为银行推荐的客户进行担保、为一些质量良好的资产进行担保等。

阳光信保方面对《投资者报》记者表示，公司还处于初创期，目前基础建设是重点。例如，对互联网平台的搭建等。截至2016年年底，阳光信保已在消费贷款等领域嵌入了微贷保、车贷保等多款产品。

2016年新开业的久隆财险在业务上也比较具备特色，与传统财险公司不同，由三一重工担任大股东的久隆财险主要深耕装备制造业的保险领域。据了解，久隆财险主要依托物联网及大数据，为装备制造公司提供保险服务，而三一重工在数据的提供上无疑有着得天独厚的优势。数据显示，久隆财险成立6个月时，总保费达到了0.25亿元。

2016年，中国首家航保公司东海航运保险公司正式开业，截至2016年10月底，保费收入达0.55亿元。另外，备受关注的建信财险也于2016年10月份获得了保监会的开业批复，银行系险企队伍再度扩容。

逆袭靠新元素和专业度

尽管保险市场的火热，并不意味新公司能够顺利发展，在渠道建设、人才培养、保险产品开发等方面与老牌险企差距仍然较大，如何运营这些保险公司，并使其能在激烈的市场竞争中迅速发展是面临的真正考验。

新保险公司的成立为保险行业带来了一些新鲜元素，互联网及大数据从未像今天一样得到新开业保险公司的重点关注。这些新的东西，或许也成为新市场加入者逆袭的要素。

易安财险方面表示，公司目前正积极探索互联网保险的发展模式，在产品上，希望能通过互联网思维，解决传统保险的痛点，并挖掘互联网时代新的保险需求。据了解，着手设计集团化发展也列入了易安财险未来的发展计划中。

安心财险方面也表示，目前公司的核心优势，就是能够将互联网思维融入到投保、核保、承保等全流程的设计中，为消费者带来便捷、简单的服务体验。

此外，实体经济的日益细分化，也给一些专业的保险公司发展的机会，如航运、装备制造等行业，这些行业已由新开业的保险公司进行专业的垂直领域服务，这些保险公司或许更专业、更专注，或许能抢占到一部分已被市场分割的份额，另外，保险的垂直领域细分也可以挖掘出新的保险需求，保险市场大饼也能不断扩大。

相关链接 》》

细数中国保险历史上的“第一次”

1. “第一家”国有保险公司成立。

1949年10月20日，中国人民保险公司在北京成立，标志着新中国统一的国家保险机构的诞生。

2. “第一部”财产保险合同法规。

1983年9月1日，国务院颁布实施《中华人民共和国财产保险合同条例》。

3. “第一份”保险企业管理法律文件。

1985年3月3日，国务院颁布实施《保险企业管理暂行条例》。

4. “第一家”股份制、地方性的保险企业。

1988年3月21日，招商局蛇口工业区和深圳工商银行合资成立平安保险公司，资本金为4500万元。

5. “第一家”经批准进入中国保险市场的外国保险公司。

1992年9月，中国人民银行批准美国国际集团所属美国友邦保险公司在上海设立分公司。

6. “第一家”合资保险公司。

1996年11月26日，中国人民银行批准加拿大宏利人寿保险公司与中国对外经济贸易信托有限公司在上海合资设立中宏人寿保险有限公司。

7. “第一家”全国性综合保险经纪公司。

2000年6月，江泰保险经纪有限公司在北京揭牌。

8. “第一家”在境外上市的中资保险企业。

2000年6月29日，中保国际控股有限公司在香港联交所挂牌上市。

9. “第一家”相互制保险公司。

2004年11月11日，阳光农业相互保险公司获准筹建，填补了我国相互制保险公司的空白。

10. “第一家”专业健康保险公司。

2004年11月18日，中国人民健康保险股份有限公司宣告成立。

11. “第一个”保险消费者维权电话。

2012年4月，保监会正式开通全国第一个保险消费者维权电话12378。

12. “第一部”农业保险法规。

2012年11月，《农业保险条例》正式颁布，于2013年3月正式实施。

13. “第一个”保险公众日。

2013年7月8日，全国首个“保险公众日”启动，保监会将每年7月8日确定为“全国保险公众宣传日”。

14. “第一家”互联网保险公司。

2013年11月6日，众安在线财产保险有限公司正式开业。

第二节　应运而生的平安

平安成立

1987年9月，时任深圳市蛇口社会保险公司副经理的马明哲受命全面负责筹备平安保险公司，那时他的经验也仅限于在蛇口工业区社会保险公司工作过几年。1988年3月，由中国工商银行和深圳蛇口工业区招商局分别出资51%和49%的平安保险公司在深圳正式成立。当年的马明哲年仅32岁，风华正茂，作为招商局的股东代表出任平安保险董事总经理，后被任命为副董事长。

发展之初

平安创立初期的发展，股东方——中国工商银行与招商局对其的支持功不可没。比如从平安开业的第一天起，工行就在全系统内宣布，在为贷款企业提供保险代理业务时一律只选平安一家。招商局对平安早期的业务发展帮助虽不如工行，但整个蛇口与招商局有关的保险业务招商局几乎全部给了平安。主要体现在后勤人事方面，除了调配所需的人才外，招商局凭借当时自己拥有一定深圳市户口额度的便利，为调入平安的人员解决了户口问题。

马明哲脱离招商局

股权高度集中，加之业务来源需要股东方的大力支持，马明哲当时对公司的影响力仍相当有限。更何况，作为招商局派出的董事，马明哲的人事关系挂靠在招商局，一举一动自然受到掣肘。当时为了能顺利开展工作，颇有远见的马明哲设计的对策是“金蝉脱壳”之计。1989年，平安以“成立员工风险基金”为名让员工持有部分股权，与企业“一荣俱荣，一损俱损”。由于国家政策变化的缘故，所以1992年以该基金注册职工合股基金公司。顺理成章，马明哲在董事会中有了更合适的身份。他开始作为职工合股基金派出的董事担任平安董事长，从此摆脱了招商局对他本人的人事任免上的控制。

个人寿险营销

1993年的平安保险，是一家成立仅5年的保险公司。事实上，到1994年，平安的保险保费收入也才2.6亿元。但是这家公司的发展视野、路径选择和气质在中国当时的保险公司中已显得格外突出。1988年成立后，平安势如破竹，相继从地区性保险公司进入全国性业务，从产险进入寿险领域，率先在全国开展了个人寿险营销。

平安的金融集团化

1993年，国务院颁布了《关于金融体制改革的决定》，明确对银行业、证券业、信托业和保险业实行“分业经营、分业管理”的原则，以挽救1992年下半年开始出现的金融秩序混乱、金融市场失控的局面。颇有战略眼光的马明哲在高层内部提出平安走金融集团化发展的设想，因为他看到国际金融业的流行趋势是由昔日的分业走向混业，各国的金融保险业都在降低成本、提高效率和提高国际竞争力的压力下，纷纷通过集团控股的组织模式实行分业经营和专业化管理。

【拓展阅读】国务院关于金融体制改革的决定

国务院关于金融体制改革的决定

1993年12月25日国发〔1993〕91号

为了贯彻党的十四届三中全会决定，适应建立社会主义市场经济体制的需要，更好地发挥金融在国民经济中宏观调控和优化资源配置的作用，促进国民经济持续、快速、健康发展，国务院决定改革现行金融体制。金融体制改革的目标是：建立在国务院领导下，独立执行货币政策的中央银行宏观调控体系；建立政策性金融与商业性金融分离，以国有商业银行为主体、多种金融机构并存的金融组织体系；建立统一开放、有序竞争、严格管理的金融市场体系。

一、确立强有力的中央银行宏观调控体系

深化金融体制改革，首要的任务是把中国人民银行办成真正的中央银行。中国人民银行的主要职能是：制定和实施货币政策，保持货币的稳定；对金融机构实行严格的监管，保证金融体系安全、有效地运行。

（一）明确人民银行各级机构的职责，转换人民银行职能。

1．中国人民银行是国家领导、管理金融业的职能部门。总行掌握货币发行权、基础货币管理权、信用总量调控权和基准利率调节权，保证全国统一货币政策的贯彻执行。人民银行总行一般只对全国性商业银行总行（目前主要指专业银行总行）融通资金。

2．按照货币在全国范围流通的要求，需要对人民银行各级机构的业务实行集中统一管理。人民银行的分支机构作为总行的派出机构，应积极创造条件跨行政区设置。其基本职责是：金融监督管理、调查统计分析、横向头寸调剂、经理国库、发行基金调拨、外汇管理和联行清算。

（二）改革和完善货币政策体系。

1．人民银行货币政策的最终目标是保持货币的稳定，并以此促进经济增长；货币政策的中介目标和操作目标是货币供应量、信用总量、同业拆借利率和银行备付金率。

2．实施货币政策的工具是：法定存款准备金率、中央银行贷款、再贴现利率、公开市场操作、中央银行外汇操作、贷款限额、中央银行存贷款利率。中国人民银行根据宏观经济形势，灵活地、有选择地运用上述政策工具，调控货币供应量。

3．从1994年开始对商业性银行实施资产负债比例管理和资产风险管理。

4．人民银行要建立完善的调查统计体系和货币政策预警系统，通过加强对宏观经济的分析和预测，为制定货币政策提供科学依据。

5．建立货币政策委员会，增强货币政策制定的科学性。

（三）健全金融法规，强化金融监督管理。

1．抓紧拟订《中华人民共和国银行法》《中国人民银行法》《中华人民共和国票据法》《中华人民共和国保险法》等法律草案，提交全国人大审议。

2．抓紧制定和完善对各类金融机构的管理条例和监管标准，并依法规范监管方式。监管的主要内容是：注册登记管理、法定代表人资格审查、业务范围界定、资本充足率、资产流动性和资产风险度等。

3．对未经中国人民银行批准擅自设立金融机构和经营金融业务的，要依法查处。

4．要进一步加强稽核监督。中国人民银行要对全国性金融机构进行严格稽核，必要时可对其分支机构实行稽核；人民银行分支机构要加强对辖区内金融机构的稽核。发现违规行为，要认真查处。

（四）改革人民银行财务制度。

取消人民银行各级分支机构的利润留成制度和缴税制度，人民银行总行和各级分支机构实行独立的财务预算管理制度。人民银行各级分支机构每年编制的财务收支计划，由总行批准后执行。各项收支相抵后，实现利润全部上缴中央财政，亏损由中央财政拨补。人民银行系统的财务决算报告要经财政部审核，并接受国家审计。人民银行分支机构工作人员（除工勤人员外）实行行员等级工资制。

二、建立政策性银行

建立政策性银行的目的是，实现政策性金融和商业性金融分离，以解决国有专业银行身兼两任的问题；割断政策性贷款与基础货币的直接联系，确保人民银行调控基础货币的主动权。

政策性银行要加强经营管理，坚持自担风险、保本经营、不与商业性金融机构竞争的原则，其业务受中国人民银行监督。

（一）组建国家开发银行，管辖中国人民建设银行和国家投资机构。

1．国家开发银行办理政策性国家重点建设（包括基本建设和技术改造）贷款及贴息业务。国家开发银行只设总行，不设分支机构，信贷业务由中国人民建设银行代理。中国人民建设银行的政策性业务分离出去以后，转变为以从事中长期信贷业务为主的国有商业银行。国家开发银行投资机构，用国家核拨的资本金向国家重点建设项目进行股本投资。

2．国家开发银行的财务统一对财政部，经财政部批准，可以调剂各法人之间的资本金与利润。其管辖机构的负责人，由国家开发银行行长提名，报国务院任命。

3．国家开发银行根据筹资能力和项目风险情况，与国家计委和国家经贸委反复协商后，共同确定重点建设投资和贷款计划，并组织实施。

4．国家开发银行的资金来源主要是：（1）财政部拨付的资本金和重点建设基金；（2）国家开发银行对社会发行的国家担保债券和对金融机构发行的金融债券，其发债额度由国家计委和人民银行确定；（3）中国人民建设银行吸收存款的一部分。

5．调整中国人民建设银行的组织结构，将现在的中国投资银行并入中国人民建设银行国际业务部。

6．制定《国家开发银行条例》和《国家开发银行章程》。国家开发银行从1994年开始运作。

（二）组建中国农业发展银行，承担国家粮棉油储备和农副产品合同收购、农业开发等业务中的政策性贷款，代理财政支农资金的拨付及监督使用。

1．中国农业发展银行为独立法人，其资本金从现在的中国农业银行资本金中拨出一部分解决。中国农业发展银行接管现中国农业银行和中国工商银行的农业政策性贷款（债权），并接受相应的人民银行贷款（债务）。

2．中国农业发展银行可在若干农业比重大的省、自治区设派出机构（分行或办事处）和县级营业机构。

3．中国农业发展银行的资金来源主要是：（1）对金融机构发行的金融债券；（2）财政支农资金；（3）使用农业政策性贷款企业的存款。

4．制定《中国农业发展银行条例》和《中国农业发展银行章程》，1994年夏收前完成组建工作。

中国农业发展银行成立后，中国农业银行转变为国有商业银行。

（三）组建中国进出口信贷银行。

1．中国进出口信贷银行为独立法人，其资本金由财政部核拨。

2．中国进出口信贷银行的业务是为大型机电成套设备进出口提供买方信贷和卖方信贷，为中国银行的成套机电产品出口信贷办理贴息及出口信用担保，不办理商业银行业务。中国进出口信贷银行的资金来源主要是财政专项资金和对金融机构发行的金融债券等。

3．中国进出口信贷银行只设总行，不设营业性分支机构，信贷业务由中国银行或其他商业银行代理。中国进出口信贷银行可在个别大城市设派出机构（办事处或代表处），负责调查统计、监督代理业务等事宜。

4．制定《中国进出口信贷银行条例》和《中国进出口信贷银行章程》。中国进出口信贷银行从1994年开始运作。

（四）政策性银行要设立监事会，监事会由财政部、中国人民银行、政府有关部门代表和其他人员组成。监事会受国务院委托，对政策性银行的经营方针及国有资本的保值增值情况进行监督检查；对政策性银行行长的经营业绩进行监督、评价和记录，提出任免、奖惩的建议。

三、把国家专业银行办成真正的国有商业银行

（一）在政策性业务分离出去之后，现国家各专业银行（中国工商银行、中国农业银行、中国银行和中国人民建设银行）要尽快转变为国有商业银行，按现代商业银行经营机制运行。第一，贯彻执行自主经营、自担风险、自负盈亏、自我约束的经营原则；第二，国有商业银行总行要强化集中管理，提高统一调度资金的能力，全行统一核算，分行之间不允许有市场交易行为；第三，一般只允许总行从中央银行融资，总行对本行资产的流动性及支付能力负全部责任；第四，国有商业银行中的国有资产产权按国家国有资产管理的有关法规管理。

允许国有商业银行之间有业务交叉，开展竞争。国有商业银行的一切经营活动必须严格遵守国家有关金融的法律法规，并接受中央银行的监管。

国有商业银行总行设立监事会，监事会由中国人民银行、政府有关部门代表和其他人员组成。监事会受国务院委托，对国有商业银行的经营方针、重大决策及国有资产保值增值的情况进行监督检查，对国有商业银行行长的经营业绩进行考核，提出任免、奖惩的建议。

国有商业银行不得对非金融企业投资。国有商业银行对保险业、信托业和证券业的投资额，不得超过其资本金的一定比例，并要在计算资本充足率时从其资本额中扣除；在人、财、物等方面要与保险业、信托业的证券业脱钩，实行分业经营。国有商业银行的分行、支行没有投资权。

（二）我国商业银行体系包括：国有商业银行、交通银行以及中信实业银行、光大银行、华夏银行、招商银行、福建兴业银行、广东发展银行、深圳发展银行、上海浦东发展银行和农村合作银行、城市合作银行等。所有商业银行都要按国家有关金融的法律法规完善和发展。

（三）积极稳妥地发展合作银行体系。合作银行体系主要包括两部分：城市合作银行和农村合作银行，其主要任务是为中小企业、农业和发展地区经济服务。

1．在城市信用社的基础上，试办城市合作银行。城市合作银行只设市行和基层行两级，均为独立法人。要制定《城市合作银行条例》，并按此组建和改建城市合作银行。试办城市合作银行要分期分批进行，防止一哄而起。

2．有步骤地组建农村合作银行。根据农村商品经济发展的需要，在农村信

用合作社联社的基础上，有步骤地组建农村合作银行。要制定《农村合作银行条例》，并先将农村信用社联社从中国农业银行中独立出来，办成基层信用社的联合组织。农村合作银行目前只在县（含县）以下地区组建。国有商业银行可以按《农村合作银行条例》向农村合作银行参股，但不能改变农村合作银行的集体合作金融性质。

3．农村合作基金会不属于金融机构，不得办理存、贷款业务，要真正办成社区内的资金互助组织。对目前已办理存、放款业务的农村合作基金会，经整顿验收合格后，可转变为农村信用合作社。

（四）根据对等互惠的原则，经中国人民银行批准，可有计划、有步骤地引进外资金融机构。外资金融机构要按照中国人民银行批准的业务范围开展经营活动。

（五）逐步统一中资金融机构之间以及中资金融机构与外资、合资金融机构的所得税税率。金融机构的所得税为中央财政固定收入。

（六）金融机构经营不善，允许破产，但债权债务要尽可能实现平稳转移。要建立存款保险基金，保障社会公众利益。

四、建立统一开放、有序竞争、严格管理的金融市场

（一）完善货币市场。

1．严格管理货币市场，明确界定和规范进入市场的主体的资格及其行为，防止资金从货币市场流向证券市场、房地产市场。

2．所有金融机构均可在票据交换时相互拆借清算头寸资金。凡向人民银行借款的银行（包括所属分支机构），拆出资金的期限一般不得超过7天；商业银行、合作银行向证券公司、信托投资公司、财务公司、租赁公司拆出资金的期限一般不得超过7天。凡不向人民银行借款的银行拆出资金、非银行金融机构之间的资金拆借，不受上述限制，但要逐渐过渡到通过票据进行。

3．中国人民银行要制定存、贷款利率的上下限，进一步理顺存款利率、贷款利率和有价证券利率之间的关系；各类利率要反映期限、成本、风险的区别，保持合理利差；逐步形成以中央银行利率为基础的市场利率体系。

4．人民银行要严格监管金融机构之间的融资活动，对违反有关规定者要依法查处。

（二）完善证券市场。

1．完善国债市场，为人民银行开展公开市场业务创造条件。财政部停止向中国人民银行借款，财政预算先支后收的头寸短缺靠短期国债解决，财政赤字通过发行国债弥补。政策性银行可按照核定的数额，面向社会发行国家担保债券，用于经济结构的调整。邮政储蓄、社会保障基金节余和各金融机构的资金中，要保有一定比例的国债，全国性商业银行可以以此作为抵押向人民银行融通资金。

2．调整金融债券发行对象，金融债券停止向个人发行。人民银行只对全国性商业银行持有的金融债券办理抵押贷款业务。

3．完善股票市场，在企业股份制改造的基础上规范股票的发行和上市；完善对证券交易所和交易系统的管理；创造条件逐步统一法人股与个人股市场、A股与B股市场。

五、改革外汇管理体制，协调外汇政策与货币政策

外汇管理是中央银行实施货币政策的重要组成部分。我国外汇管理体制改革的长期目标是实现人民币可兑换。根据我国目前的实际情况，并参照国际上的成功经验，近期实施的改革措施是：

（一）1994年实现汇率并轨，建立以市场汇率为基础的、单一的、有管理的人民币浮动汇率制度。

（二）取消外汇留成，实行结汇和售汇制。

（三）实现经常项目下人民币有条件可兑换。

（四）严格管理和审批资本项下的外汇流出和流入。

（五）建立全国统一的外汇交易市场，外汇指定银行为市场的交易主体。中国人民银行根据宏观经济调控的要求，适时吞吐外汇，平抑汇价。

（六）停止发行并逐步收回外汇兑换券。严格禁止外币标价、结算和流通。

（七）中国人民银行集中管理国家外汇储备，根据外汇储备的安全性、流动性和营利性的原则，完善外汇储备的经营机制。

外汇管理体制改革的具体实施，按国务院有关规定执行。

六、正确引导非银行金融机构稳健发展

要明确规定各类非银行金融机构的资本金数额、管理人员素质标准及业务范围，并严格审批，加强管理。要适当发展各类专业保险公司、信托投资公司、证券公司、金融租赁公司、企业集团财务公司等非银行金融机构，对保险业、证券业、信托业和银行业实行分业经营。

（一）保险体制改革要坚持社会保险与商业保险分开经营的原则，坚持政企分开。政策性保险和商业性保险要分别核算，把保险公司办成真正的保险企业，实现平等有序的竞争。保险业要逐步实行人身险和非人身险分别经营；发展一些全国性、区域性、专业性的保险公司；成立再保险公司；采取多种形式逐步发展农村保险事业。要适当扩大保险企业资金运用的范围和自主权，适当提高保险总准备金率，以增强保险企业的经济实力。要建立保险同业公会，加强行业自律管理。

（二）信托投资公司的资金来源，主要是接受长期的、大额的企业信托和委托存款，其业务是办理信托贷款和委托贷款、证券买卖、融资租赁、代理和咨询业务。

（三）企业集团财务公司主要通过发行商业票据为企业融通短期资金。

（四）证券公司不得从事证券投资之外的投资，进入一级市场和二级市场的证券公司要加以区分，证券公司的自营业务与代理业务在内部要严格分离。

七、加强金融业的基础建设，建立现代化的金融管理体系

（一）加快会计、结算制度改革。金融机构要按照国际通用的会计准则，改革记账基础、科目设置和会计核算体系，改革统计监测体系。要建设现代化支付系统，实现结算工具票据化，扩大信用卡、商业汇票、支票、银行本票等支付工具的使用对象和范围，增强票据使用的灵活性、流动性和安全性，减少现金使用。

（二）加快金融电子化建设。要加快人民银行卫星通信网络的建设，推广计算机的运用和开发，实现联行清算、信贷储蓄、信息统计、业务处理和办公的自动化。金融电子化要统一规划，统一标准，分别实施。

（三）加强金融队伍建设。要更新从业人员的知识结构，加速培养现代化金融人才；要实行适合金融系统特点的干部人事制度和劳动工资制度，建立约束机制和激励机制。

第三章 中国平安的发展

导言：

28年前，平安是在深圳蛇口诞生的一家小公司。28年后，平安是在世界舞台舒展长袖的金融集团。28年间，平安的成长折射着中国金融业的巨变。今天，平安集团起于保险，志在综合金融集团的理想，正在一步一步实现。而其跻身世界500强的速度和辉煌成就更是举世瞩目。

第一节　发展阶段

中国平安的发展主要分为三个阶段，如下图所示。

中国平安的发展阶段

平安1.0时代

马明哲对平安1.0时代有这样的描述：在最初的18年间，平安作为传统金融的代表，是主打线下资源的传统金融机构，从偏居南方的保险公司发展成全国性的综合金融集团，这个历程就是平安1.0时代。

在平安1.0时代，核心就是“传统的渠道”和“产品导向”，当时只有一两个渠道，都是平安自己的业务员在做。

平安2.0时代

2006—2015年的10年间，通过运用互联网等现代技术，中国平安成了具有O2O金融服务能力和优势的金融集团。一方面，利用互联网升级综合金融模式；另一方面，将金融嵌入线上生活服务，实现横向迁徙，也就是金融搭上了互联网的便车，这就是平安的2.0时代。

从2.0时代开始，“服务”成了一大主题。因为2.0时代以后，各家公司都在利用科技进行着改变，产品存在同质化问题，因此这个阶段的市场竞争是很激烈的。“这个时候哪一家公司有了核心竞争力，一定是通过服务来建立的。”而在这个时代，平安也在全国首推了“快易免”服务承诺。

平安3.0时代

从传统金融到有互联网特色的金融，正是“互联网+”战略在金融领域的具体实践，也是目前绝大多数金融机构正在进行的探索。然而，在这个阶段已处于领先地位的平安新提出的3.0概念却极为独特，马明哲明确表示：“我们不再局限于平安内部的综合金融，而是将‘互联网+金融’的发展模式向全行业开放，携手金融同业伙伴，共同利用新科技，打造更加强大的、开放式的互联网金融服务平台。”

“总体来讲，就是让客户更便捷、更方便，省时、省力，同时透明化。”孙建平坦言，“我们的出发点是让用户极简、极方便。”

相关链接》》

中国平安大事记

1. 中国平安位居全球保险行业第一。

2014年5月21日Millward Brown发布最具价值全球品牌100强，中国平安凭借124亿美元的品牌价值，位居全球保险行业第一。

2. 陆金所成立。

2012年陆金所成立，平安互联网金融全面布局。

3. 中国平安成为深圳发展银行的控股股东。

2011年7月中国平安成为深圳发展银行的控股股东。之后深圳发展银行吸收合并原平安银行，并更名为“平安银行”，建立起了全国性的银行业务布局。

4. 中国平安集团在上海证券交易所挂牌上市。

2007年3月1日中国平安集团在上海证券交易所挂牌上市，创下当时全球最大的保险公司IPO。

5. 中国平安全国运营管理中心。

2006年5月中国平安全国运营管理中心在上海张江投入运营，成为亚洲最大的集中运营平台。

6. 中国平安收购深圳市商业银行。

2006年7月中国平安收购深圳市商业银行，之后更名为“平安银行”。

7. 中国平安集团在香港整体上市。

2004年6月24日中国平安集团在香港整体上市，成为当年度香港最大宗的首次公开招股，壮大了公司的资本实力。

8. 中国平安保险（集团）股份有限公司成立。

2003年2月14日中国平安保险（集团）股份有限公司成立，成为中国金融业综合化经营的试点企业。

9. 获准收购福建亚洲银行。

2003年12月中国平安获准收购福建亚洲银行，银行业务由此正式开端。

10. 汇丰集团入股平安。

2002年10月8日汇丰集团入股平安，成为中国平安的单一最大股东。

11. 中国平安收购中国工商银行。

1996年4月中国平安收购中国工商银行珠江三角洲金融信托联合公司，并更名为“平安信托投资公司”。

12. 平安证券有限责任公司成立。

1995年10月平安证券有限责任公司成立，平安实现了保险以外的金融业务的突破。

13. 中国平安成为国内首家引进外资的金融机构。

1994年中国平安引进摩根士丹利和高盛两家外资股东，成为国内首家引进外资的金融机构。

14. 公司更名为“中国平安保险公司”。

1992年6月4日公司更名为“中国平安保险公司”，成为一家全国性保险公司。

15. 平安保险公司成立。

1988年5月27日中国平安保险公司成立，为中国第一家股份制保险企业。

相关链接 》》

全面开启平安3.0时代——马明哲董事长2016年元旦致辞

各位同事：

大家新年好！旧岁已逝，又开新篇。送走充满挑战、收获丰厚的2015年，我们迎来了令人期待的2016年。

过去的一年，中国经济平稳进入“新常态”，国家推出“一带一路”“互联网+”等重大战略，新环境、新趋势带来新的挑战和机遇。我们以“国际领先的个人金融生活服务提供商”为目标，聚焦“大金融资产”和“大医疗健康”两大产业，“综合金融+互联网”和“互联网+综合金融”并重发展的模式渐趋成熟。在120万位平安同仁的共同努力下，集团总资产、营业收入、净利润再上新台阶，保险、银行、资产管理、互联网金融四大板块均取得快速稳健、领先于行业的发展。截至2015年年底，集团总市值在全球上市企业中名列第67位，在全球上市金融企业中名列第12位，在全球上市保险公司中名列第2位。

保险是传统金融业务的基础。我们克服了经济下行压力给金融保险业带来的诸多挑战，成为全球第一保险品牌。集团整体总保费收入增幅近20%，领先于市场。寿险代理人队伍突破85万人，实现规模与产能的双增长。个险新单、总保费收入、新业务内涵价值稳步增长，居行业首位。产险业务增速和业务品质持续领先，市场份额稳步上升，互联网发展战略持续深化，服务效率广获好评。年金业务规模保持行业第一，养老险、短险增速持续领先。健康险保费收入稳居高端市场之首。

银行是传统金融领域的增长新动力。平安银行存贷款均保持双位数增长，成本收入比持续优化，对公事业部制改革及零售业务改革成效显著，用3年时间再造了一个平安银行，整体风控能力进一步增强。融资租赁业务盈利能力持续改善，市场份额稳步提升，在医疗健康领域保持领先。

资产管理是传统金融可持续发展的关键。信托战略转型取得初步成效，高净值客户数规模行业成为最大。证券业务二级市场互联网平台发展受市场瞩目，净利润创历史新高。资产管理公司管理规模逾2万亿元，第三方业务收入领先市场。不动产公司开创新型业务发展模式，加大战略性布局，市场影响力大幅提升。基金专户业务规模位居市场前三，投资业绩位居行业前列。

互联网金融业务是2015年的突出亮点。经过10年的部署和努力，我们的多项模式创新在过去的一年中开花结果。2015年，平安互联网业务累计用户超过2亿人，用户体验持续提升。陆金所注册用户突破1800万人，累计交易量突破1.6万亿元，成为全球交易规模最大的线上金融资产交易平台，P2P交易量跃居世界首位。与此同时，陆金所风控能力进一步强化，为未来的快速、健康成长奠定了坚实基础。前交所是最新加入平安大家庭的一分子，定位为国际双向跨境资产交易平台，交易量显著增长；平安普惠经过多年的创新发展，成为我国最大的消费金融互联网平台。平安科技、前海征信、平安金融科技精诚合作，携手打造的“金融一账通”平台初步落成，用户规模突破1亿人，管理资产逾万亿元，用户月活跃率超20%。养老险、健康险与健康管理公司合力共建医疗健康服务市场。“医保一账通”初具规模，签约医保合作城市超过100个；“平安好医生”推出不到一年，建立了国内规模最大的全职网络医生团队，服务用户数近3000万人，已是国内在线健康医疗第一入口。“平安好房”从金融交易环节切入，利用丰富的线上资源和便捷的线下服务，打造O2O模式的“房地产金融”生态圈。“壹钱包”用户数达4000万人，专注于金融领域的支付与消费积分服务，用户体验和品牌口碑大幅提升。

2015年集团各方面的喜人业绩，得益于党和政府及社会各界营造的好的市场环境，来自于全体平安人的进取、奋斗与贡献。成就面前，我们倍加感恩客户，感谢员工，感怀社会，不负使命，勇往直前！

2016年是国家“十三五”的开局之年，“互联网+”战略将进一步深化，传统行业与互联网的结合将更加紧密，向着“移动化、专业化、社交化、场景化”深入发展，服务与体验将成为市场竞争的关键。平安紧跟国家战略步伐，制定了新的规划，加大力度推进开放性平台建设，全面开启平安3.0时代。

成立28年来，平安的发展经历了不同的阶段。在第一个阶段，平安用18年时间，以传统金融业务为主，从保险公司发展成为综合金融集团，积累了大量的线下资源和管理经验，这是平安的1.0时代。

第二个阶段，是科技引领综合金融的平安2.0时代。我们历经近10年的艰苦探索和耕耘，将综合金融与现代科技紧密结合，用大数据、互联网等现代科技手段武装传统的金融服务，为客户提供极致的金融消费服务体验。

在平安2.0时代，我们充分利用平安多年积累的线下、线上独特优势，立足于客户需求，将地面综合金融服务与互联网金融平台深度耦合，实现无缝衔接，提供全面、便捷的O2O金融服务。一方面，我们利用互联网升级综合金融模式，将线下的金融客户迁徙到线上，扩大服务范围，提升服务效率和体验；另一方面，我们围绕用户的“医、食、住、行、玩”需求，不断完善线上平台，提供多种服务和产品，将金融嵌入线上生活服务，逐步横向迁徙，最终实现“一个客户、一个账户、多项服务、多个产品”，让平安真正成为客户的“财富管家、健康顾问、生活助手”“用我们的专业，让用户的生活更加简单”。

新的征程已经开始，如今，我们已经跨上第三个大台阶，探索平安的3.0时代。我们不再局限于平安内部的综合金融，而是将“互联网+金融”的发展模式向全行业开放，携手金融同业伙伴，共同利用新科技，打造更加强大的、开放式的互联网金融服务平台。

陆金所是平安3.0的典型平台之一。经过多年的战略实践和策略调整，陆金所已经从封闭的个人线上金融资产交易平台，升级成为面向全社会、全行业，以及所有个人和机构客户的开放式金融资产交易平台。

与陆金所同等重要的“金融一账通”“医保一账通”，也将是我们要在新的一年着力推进的核心工程，目标同样是建成开放式综合服务平台。“金融一账通”将在过去个人用户使用的“平安一账通”的基础上，进一步充分发挥平安在大数据、互联网方面的经验和优势，分别为银行、保险、证券、信托、基金等行业打造全新的“一账通”平台，为企业用户们提供获客、征信、产品、科技等一揽子服务。“医保一账通”是平安面向全国各地的医保系统，利用我们在医院管理、医生管理、药品管理和健康档案管理方面的技术与优势，建立行业领先的智慧医保管理和服务系统，通过与当地医保系统对接，助力医保用户体验和服务效率的提升。

站在新年的起点，面对内外部环境带来的种种机遇和挑战，平安将保持高度的危机感，继续努力“在竞争中求生存，在创新中求发展”。我们相信，按照集团既定的战略目标和规划，坚持“综合金融+”与“互联网+”的并重发展，全体同仁齐心协力，平安必将迎来3.0时代的不一样的精彩！

最后，在此辞旧迎新之际，我谨代表集团董事会、执行委员会，向全体平安同仁、平安家属，以及所有长期支持平安的广大客户和社会各界人士，致以最诚挚的问候和最美好的祝福！祝愿大家身体健康，工作进步，生活美满，平安幸福！

第二节　公司架构及管理

平安公司架构

中国平安通过综合金融的一体化架构，依托本土化优势，践行国际化标准的公司治理，以及统一的品牌、多渠道分销网络，为近9000万名客户提供保险、银行、投资和互联网金融服务。

中国平安的公司架构如下图所示。

中国平安公司架构

平安管理团队

马明哲

中国平安创始人，1988年3月创建中国平安保险公司，现任公司董事长兼首席执行官。

自中国平安成立以来，马先生先后任中国平安总经理、董事、董事长兼首席执行官，主持公司的全面经营管理工作至今。

在成立中国平安之前，马先生曾任招商局蛇口工业区社会保险公司副经理。

马先生拥有中南财经政法大学（原中南财经大学）货币银行学博士学位。

孙建一

自1995年3月起出任中国平安执行董事，并于2008年10月起出任中国平安副董事长。

孙先生自1994年10月起出任中国平安常务副总经理至今，亦为中国平安控股子公司平安银行董事长、万科企业股份有限公司和中国保险保障基金有限责任公司非执行董事及海昌控股有限公司独立非执行董事。

自1990年7月加入中国平安后，孙先生先后任管理本部总经理、公司副总经理、常务副总经理、副首席执行官等职务。

在加入中国平安之前，孙先生曾任人民银行武汉分行办事处主任、中国人民保险公司武汉分公司副总经理、武汉证券公司总经理。

孙先生是中南财经政法大学（原中南财经大学）金融学大专毕业生。

任汇川

自2012年7月起出任中国平安执行董事，自2011年3月起担任中国平安总经理，并自2015年11月起代为履行平安信托董事长职责。

任先生于1992年加入公司，2007年4月至2011年5月担任平安产险董事长兼CEO，2009年3月至2010年3月获委任为中国平安职工代表监事，2010年6月至2011年3月担任中国平安副总经理，2010年6～12月兼任首席保险业务执行官，并于2015年2～12月兼任深圳万里通网络信息技术有限公司董事长兼CEO。

此前任先生曾任中国平安总经理助理兼财务总监、发展改革中心主任助理、平安产险副总经理、中国平安保险股份有限公司产险协理。

任先生拥有北京大学工商管理硕士学位。

陈心颖

于2013年1月加盟平安，现任平安集团总经理并兼任互联网业务的首席运营官（COO）和首席信息执行官（CIO）。

在加盟平安之前，陈女士在麦肯锡担任合伙人（全球董事）一职。

陈心颖女士毕业于美国麻省理工学院，拥有电气工程与计算机科学硕士学位以及电气工程、经济学双学士学位。

姚波

自2009年6月起出任中国平安执行董事。姚先生自2009年6月起出任中国平安副总经理，2010年4月起出任中国平安首席财务官，于2012年10月出任公司总精算师，亦于2010年6月至今，出任平安银行非执行董事。

姚先生于2001年5月加入公司，2001—2002年任中国平安产品中心副总经理，2002年12月至2007年1月任公司副总精算师，2004年2月至2007年1月任公司财务副总监，2007年1月至2010年6月任公司总精算师，2008年3月至2010年4月任公司财务负责人，2004年2月至2012年2月期间还兼任中国平安企划部总经理。

此前，姚先生任德勤会计师事务所咨询精算师、高级经理。

姚先生是北美精算师协会会员（FSA），并拥有美国纽约大学工商管理硕士学位。

李源祥

自2013年6月起出任中国平安执行董事，并自2011年1月起出任中国平安副总经理兼首席保险业务执行官至今。

李先生目前为中国平安附属公司平安产险、平安寿险、平安养老险及平安健康险的董事。

李先生在2004年加入中国平安，于2004年2月至2005年3月任平安寿险董事长特别助理，2005年3月至2010年1月任平安寿险总经理，2007年1月至2012年2月任平安寿险董事长。

此前，李先生曾任英国保诚台湾分公司资深副总裁、信诚人寿保险总经理等职务。

李先生拥有剑桥大学财政金融硕士学位。

陈克祥

自2007年1月起出任中国平安副总经理至今。

陈先生于1992年12月加入公司，1993—1995年先后担任总公司办公室主任助理、副主任，1995—1996年任平安大厦管理公司总经理，1996—1999年任公司办公室副主任、主任，1999—2002年任平安信托副总经理、总经理，2002年6月至2006年5月任公司董事会秘书长，并于2002年6月至2007年4月任公司办公室主任，2003年2月至2007年1月任公司总经理助理。

陈先生拥有中南财经政法大学（原中南财经大学）金融学硕士学位。

曹实凡

自2007年4月出任中国平安副总经理至今。

曹先生于1991年11月加入公司。2002年4～12月曾任中国平安保险股份有限公司副总经理，2002年12月至2007年4月任平安产险首席执行官，2002年12月至2005年6月任平安产险总经理，2004年3月至2007年4月任平安产险董事长。

曹先生拥有中南财经政法大学（原中南财经大学）经济学硕士学位。

叶素兰

叶女士于2004年加入平安，2004年2月至2006年3月任平安寿险总经理助理，2006年3月至2011年1月任中国平安总经理助理，2006年3月至今担任公司首席稽核执行官，2008年3月至今担任公司审计责任人，2010年6月起任平安银行（原深发展）非执行董事至今，2010年7月至今担任公司合规负责人，2011年1月起出任中国平安副总经理至今。

此前，叶女士曾任职于友邦保险公司、香港保诚保险公司等。

叶女士拥有英国伦敦中央工艺学院计算机学士学位。

蔡方方

自2014年7月起出任中国平安执行董事，现任中国平安首席人力资源执行官并兼任平安金融培训学院常务副院长。

蔡女士于2007年7月加入中国平安，2009年10月至2012年2月期间先后出任中国平安人力资源中心薪酬规划管理部副总经理和总经理职务，2012年2月至2013年9月担任中国平安副首席财务执行官兼企划部总经理。

蔡女士于2014年1月起出任平安银行非执行董事，现任平安寿险、平安产险、平安资产管理等中国平安多家控股子公司的董事职务。

在加入中国平安之前，蔡女士曾出任华信惠悦咨询（上海）有限公司咨询总监和英国标准管理体系公司金融业审核总监等职务。

蔡女士拥有澳大利亚新南威尔士大学会计专业硕士学位。

【拓展阅读】平安高层领导畅谈公司海外成功上市的启示

平安高层领导畅谈公司海外成功上市的启示

在中国平安海外成功上市之际，7月8日，中国平安高层与多家热切关心平安上市故事的财经媒体的记者举行了一次见面会，马明哲董事长、张子欣总经理、孙建一常务副总经理等高层领导就媒体关心的一些问题进行了详细和全面的阐述。在问及公司上市取得成功的原因时，马明哲一语作答："国际化标准，本土化优势。"

马明哲以四声感谢做开场白：第一应该感谢的是全体平安人的拼搏与奉献，辛苦与汗水，这些造就了中国平安今天成功的品牌，凝结成中国平安今天巨大的价值；第二要感谢的是平安广大的客户，他们对平安的信任与支持帮助平安实现了今天的梦想；第三要感谢公司所有新老股东多年来的鼎力支持与鼓励，他们是平安持续创新、不断发展的坚强后盾；第四要感谢各级政府、监管机关多年来对平安的扶持和帮助，让平安得以在公平、健康的经营环境中稳步、快速地发展。

马明哲指出，平安获得国际投资者的认同，成功实现海外上市，有两个重要因素。从外部来讲，要归功于我国监管部门开放、务实的态度及全新的监管理念，这是平安上市成功的重要保证。中国平安以集团名义在香港整体上市，以保险业务为核心，涵括信托、银行、证券等多元金融服务，综合金融服务的集团架构初显雏形。集团整体上市，意味着中国的银行、证券、信托等金融资产首次在香港联合交易所主板正式挂牌交易，外界普遍认为这显示中国金融服务业的改革开放迈出了重要一步。

从平安内部来说，平安经过16年的发展，在市场上确立了自身的竞争优势，那就是"国际化标准，本土化优势"。

马明哲认为，平安的国际化征程事实上从10年前就开始了。当年平安在金融业内率先引进国际战略投资者——摩根士丹利和高盛。10年国际化努力主要体现在：资本国际化、人才国际化和管理国际化，在这个过程中逐步建立了国际化的标准。这些标准包括：一是公司建立了完善的公司治理结构，公司股东大会、董事会、监事会和经营层权责分明，管理高效。二是公司建立了国际化的财务管理和内部控制。作为首家吸引外资的中国保险公司，中国平安从1994年就开始聘请国际会计师事务所作为独立国际外部审计、国际精算师咨询机构对寿险责任准备金进行评估，全面实施了全公司的风险管理框架。三是建立了国际化的管理团队。“海外兵团”是国内公众已经十分熟悉的平安的特有的人才政策，这一点也得到了国际投资者的认同。平安高管团队是一支集国际专业知识和广泛的中国保险业经营经验于一体的管理队伍，给海外投资者以充足的信心。国际化的管理层队伍将大量的国际专业知识运用到本公司日常经营管理中，积极将自己的国际专业知识与对中国保险业的需求和相关工作经验结合起来，通过开发、引进世界先进的产品、客户服务、分销战略、核保技术和管理理念，使平安能够更好地适应中国不断变化的市场环境，保持市场领先地位。

在谈到“本土化优势”时，张子欣介绍说，第一是平安具有独一无二的金融集团架构，使它具有强大的多渠道分销能力。截至2003年12月31日，平安有70家分公司和超过3600个分支机构，有超过18万名寿险销售代理人销售个人寿险产品，有超过8000名员工从事团体人寿和财产保险产品销售及市场营销活动。这一多渠道分销网络使平安能够向客户销售丰富的保险产品和其他金融产品。此外，公司与中国邮政和中国四大国有商业银行及许多全国性和地区性商业银行达成了银行保险协议，截至2003年12月31日这些销售网点总数超过21000家。公司还进一步创新分销渠道，如通过PA18金融门户网站和全国电话中心来销售各种各样的产品和服务，如货物运输险、汽车保险、家庭财产保险和意外保险产品等。

第二是平安逐步建立了统一的后援平台。在科技飞速发展的情况下，保险业的科技运用水平决定了保险业的成本，从平安CIO出身的张子欣对平安领先的信息技术系统充满自豪感。他说，平安的未来潜力在于平安拥有多元化金融服务平台，能够为客户提供多元化产品服务，包括保险、资产管理、信托和证券业务等。而平安先进、统一的信息技术平台，基于互联网的应用程序和统一的技术标准使公司能够集中客户的信息，并迅速开发各种解决方案，有效地满足公司客户的需要，公司利用卓越的统一品牌、多元化的产品服务能力、多渠道分销网络和基于公司先进信息技术系统的统一数据库，能够充分捕捉其他非保险金融服务领域的各种新的增长机会。这种潜力也是平安得以成功招股的一个重要保证。

第三是平安16年来在市场上建立的“先入为主”的市场优势。这是进入中国市场的外资公司短期内无法做到的，无论是在服务网络、销售队伍、业务规模、公司品牌、企业文化，还是在对“吾土吾民”的了解与认同上。

回首平安的历程，作为公司元老之一的孙建一唏嘘当年。他说，摩根士丹利和高盛自1994年起参股平安。作为国内首家引进外资股东的金融企业，平安从它们那里学到许多国际化的理念和方法。平安在过去的10年中，得到了外资股东的诸多帮助，直接促进了公司体制和公司治理的创新，使平安在与国际水平接轨方面走得比较前。在此次上市过程中，这些外资股东向自己的客户以及众多投资者推荐平安，显示出他们对平安的未来充满信心。也是1994年，平安开始大量引进海外人才，他们带来了丰富的国际经验及先进的职业理念，为平安培养了大量优秀的职业经理。也是那一年，国际标准的财务制度、核保核赔制度等被引进到了平安。所以，1994年被平安视为其国际化的里程碑式的开端。孙建一感慨地说，十年磨一剑，蓄势而发！2004年，平安扬帆出航国际资本市场，新的国际化征程开始了。

马明哲最后表示，公司的成功上市只是“万里长征走完了第一步”。平安的目标是成为以保险业务为核心的世界领先的多元化金融服务集团，持续获得稳定的利润增长及让股东获得稳定回报。平安希望通过公司的多渠道分销网络，以统一的品牌、成熟的公司治理和内部控制的经验、国际经验深厚的管理团队、先进的信息技术平台、集中的客户数据库以及统一的财务、风险和人力资源管理制度，来增强公司在人寿保险与财产保险核心业务领域的竞争力，形成多元化金融服务的模式，为广大客户提供更加稳健、可靠、丰富而周全的产品和服务，成长为以保险业务为核心的世界领先的多元化金融服务集团，做金融保险业的百年老店。

第四章
保险，中国平安之基石

导言：

保险业务是中国平安的核心业务之一。中国平安由经营单一的财产保险业务开始，经过多年的发展，逐步建立了以平安寿险、平安产险、平安养老险和平安健康险四大子公司为核心，向客户提供全方位保险产品和服务的完整业务体系。

第一节　平安寿险

什么是人身保险

人身保险是以人的寿命和身体为保险标的的保险。当被保险人发生死亡、伤残、疾病、年老等风险事故时或者达到合同约定的年龄、期限时，保险公司按照保险合同约定提供经济补偿或给付保险金。人身保险具有保障和长期储蓄的功能，可以用于对人们的生活进行长期财务规划。

中国第二大寿险公司

中国平安拥有87万名寿险销售人员和约27.5万名正式雇员。截至2015年12月31日，集团总资产达4.77万亿元，归属母公司股东权益为3342.48亿元。以保费收入来衡量，平安寿险为中国第二大寿险公司。

平安人寿简介

中国平安人寿保险股份有限公司（简称“平安人寿”）成立于2002年，是中国平安保险（集团）股份有限公司旗下的重要成员。

平安人寿在国内共设有41家分公司，超过2800个营业网点，拥有60多万名寿险销售人员，服务网络遍布全国。除了传统的柜面服务外，平安人寿还搭建了电话、网络、手机WAP、手机APP、移动柜面等多种服务渠道，为客户提供简单、便捷、高效的金融服务体验。

平安人寿网页截图

销售渠道

秉承“专业让生活更简单”的品牌理念，平安人寿搭建了个险、银保、电销三大销售渠道，产品体系清晰完整，涵盖了寿险领域内的普通、分红、万能及投连等各种保险产品，可为客户提供全方位的保障与理财服务，与客户充分分享中国平安“一个客户、一个账户、多个产品、一站式服务”的综合金融优势。

获得荣誉

凭借在综合实力、客户服务、企业社会责任方面的杰出表现，平安人寿屡获褒奖，先后摘得“最佳保险企业”“卓越理赔服务保险公司”“卓越竞争力创新服务保险公司”“最佳寿险公司”“中国最佳保险理财机构”等众多荣誉。

相关链接 》》

平安人寿“倍享福”上市 保障更高更全

2016年7月5日，平安人寿针对新兴城市保险市场推出平安倍享福综合保障计划（以下简称“倍享福”）。“倍享福”的产品设计基于平安人寿对新兴城市需求的深度分析，将通过更全面的重疾和意外保障、加倍赔偿、兼顾保障和养老等几大核心优势，为新兴城市居民带来更全面多元的保险保障。目前，“倍享福”已在吉林、山西、河南、贵州、山东五省的部分新兴城市率先进行销售。

此前，为响应中国人民银行、保监会等七部门联合印发的《关于金融助推脱贫攻坚的实施意见》，中国平安已成立农村金融服务发展委员会（简称“农金会”），全面启动农村金融服务体系工作，为农村市场提供综合的金融服务。本次平安人寿专属保险产品“倍享福”的上市，也是对国家新政的积极响应。

系统性调研洞悉新兴城市保险需求

平安人寿相关负责人介绍，平安人寿此前针对新兴城市已进行全面的系统性调研，发现新兴城市居民的保障需求普遍有以下几个特点：

首先，收入较低，抵御风险能力低。新兴城市居民容易出现因病致贫、因灾返贫的情况，因而，他们更需要通过保险来满足自身的身故、重疾、意外保障需求。

其次，需要更具地区特色的保险。新兴城市居民并非不接受保险，他们只是在等待“更合适”的保险。

再次，对异地就医需求强烈。由于各地医保政策不同，报销手续烦琐、周期长，给患者和家庭带来沉重的经济负担，甚至可能会使患者因为经济问题而错失最佳治疗时间，影响治疗效果。因此，他们需要更好的医疗条件。

最后，买保险带着储蓄心理和养老需求。有调查显示，农村生活的老人，担心的问题排前三位的依次为：没钱养老、没钱治病、没人照顾。这在一定程度上显示老年人的日常生活还没有得到足够的支持，养老需求与养老供给存在缺口。

量体裁衣打造专属保险产品“倍享福”

基于以上四点考虑，平安人寿为新兴市场打造了精准保险产品“倍享福”。该款产品具备以下几个优势特色，将更贴合新兴城市居民的实际保险需求。

第一，“倍享福”覆盖45种重疾保障，异地就诊还有额外补偿。“倍享福”是平安人寿重疾保障种类最多的成人险之一，涵盖恶性肿瘤，以及与心脏或心脑血管、器官功能严重受损、神经系统相关的各类疾病，重疾保障更全面。等待期后确诊合同约定的重疾，即可获得100%基本保险金额的重疾金，并返还所交保费，让患者面对疾病之时能有足够的经济支撑。且患者如需前往发达地区接受更好条件的治疗，还能额外获得一笔异地就诊金，减轻交通、住宿等费用压力。

第二，“倍享福”对医疗、伤残、身故全保障，意外保障更全面。“倍享福”提供10级281项意外伤残保障，在保障范围、分类等方面更全面、合理，可以让客户享受到更丰富的意外保障。当被保险人遭受意外伤害时，小到门诊、住院，大到伤残乃至身故，都能获得相应赔偿，伤残或全残后，保单继续有效。

第三，发生风险事故后将加倍赔偿，保障更高。“倍享福”针对新兴城市居民常用的自驾和公共交通两种出行方式，以及在新兴城市常发生、易造成重大损失的地震、泥石流、滑坡等8种自然灾害，可按基本保险金额加倍赔偿。其中，公共交通意外最高按5倍赔偿，自驾和8种自然灾害意外最高按4倍赔偿，加上伤残或全残后保障不终止，最高可获得6倍基本保险金额的赔偿。

第四，保费能返还，可兼顾保障和养老。一般而言，当发生风险时，保险公司仅按照基本保险金额进行赔偿；保障到期，平安无事，所交保费不返还。“倍享福”具备人性化的产品责任：当被保险人发生风险时，除了提供相应赔偿，还返还所交保费作为应急之用；当保障到期，被保险人平安无事，同样返还所交保费，可作为养老金，客户交的保费或用于应急，或补充养老，最终都能发挥作用。

第五，投保人发生特定风险，可享受保费豁免。对于新兴城市的绝大部分家庭来说，家庭的重担由夫妻双方共同支撑，任何一方遭受风险事故，都将对家庭经济造成重大影响。“倍享福”支持投保人保费豁免，一张保单即承担了夫妻双方的风险责任。当投保人发生特定风险时，可以免交豁免保险期间内剩余的各期保险费，让本就受到影响的家庭不再承受更多经济压力，而被保险人可以继续享受“倍享福”的护佑。

平安人寿表示，在平安集团3.0大战略的指引下，平安人寿在未来还将为客户呈现更多样性的寿险产品，以及更加优质的生活服务，让客户在畅享全方位保险保障的同时，获得丰富的客户体验。

【拓展阅读】平安寿险理赔申请书

中国平安 PINGAN
保寿·银行·投资

3001 4

中国平安人寿保险股份有限公司

单证代码：F00237

理赔申请书

保险合同号码							
申请人	申请人姓名		性别	□男 □女	固定电话	区号 号码	移动电话
	职业		联系地址	省/直辖市 市 区/县		邮政编码	
	证件类型	□身份证 □其他______	证件号码				
	证件有效期至	_____年_____月_____日					
	国籍	□中国 □其他______	申请人身份	□被保险人 □投保人 □指定受益人 □继承人 □受益人（继承人）的监护人		是否委托他人办理理赔申请	□是（需填写《授权委托书》）□否
	E-Mail						
事故信息	申请类型（可复选）	□意外医疗 □疾病医疗 □重大疾病 □意外残疾（失能） □疾病残疾（失能） □意外身故 □疾病身故（如申请身故保险金，需填写《身故受益人身份确认表》）					
	事故者姓名		事故时间		事故地点		
	国籍	□中国 □其他______					
	事故者类型	□被保险人 □投保人 □被保险人之配偶 □被保险人之子女					
	事故者证件类型	□身份证 □其他______	证件号码				
	证件有效期至	_____年_____月_____日					
	如申请人即事故人，则证件类型、证件号码、有效期不需填写						
	事故原因、经过/诊疗过程：						
	事故者现状	□治疗中 □治疗结束 □身故（身故日： 年 月 日） □残疾（失能） □失踪					
	事故者是否在其他保险公司投保人身保险	□否 □是 承保公司（ ）					
领款方式	□转账	开户银行		币种	□人民币 □其他______（账户类型：□现钞 □现汇）		
		账户所有人		账号			
	□现金						

反保险欺诈提示

请您与我们一同杜绝以下骗取保险金的行为：

1.故意虚构保险标的；
2.对发生的保险事故编造虚假的原因或者夸大损失的程度；
3.编造未曾发生的保险事故；
4.故意造成财产损失的保险事故；
5.故意造成被保险人死亡、伤残或者疾病的。

进行保险诈骗犯罪活动，可能会受到拘役、有期徒刑，并处罚金或者没收财产的刑事处罚；尚不构成犯罪的，可能会受到15日以下拘留、5000元以下罚款的行政处罚；保险公司不承担赔偿或给付保险金的责任。保险事故的鉴定人、证明人、财产评估人故意提供虚假的证明文件，为他人诈骗提供条件的，将会受到相应的刑事或行政处罚。

声明及授权

1. 本人已阅读并知晓《反保险欺诈提示》，并承诺理赔申请书上所填写的内容真实详尽。
2. 本人同意并授权中国平安人寿保险股份有限公司向医疗机构、行政司法机关、单位和个人检索、调阅、摘抄、复印或其他方式获取，任何本人或被保险人与理赔申请相关的资料。本人愿意承担由此产生的一切法律责任。本授权申明之影印件亦属有效。
3. 因本人或代理人提供的信息资料错误导致的一切后果，贵公司不承担责任。

申请人签名： 申请日期：

《理赔申请书》填写指南

尊敬的客户：

为确保您的正当权益，在填写《理赔申请书》前请您仔细阅读以下内容：

1.哪些人有权填写《理赔申请书》？

（1）申请生存保险金（医疗保险金、残疾保险金、重疾保险金等）：由被保险人本人申请。

（2）申请身故保险金：由身故受益人申请。

A.保单指定身故受益人的：由保单指定的身故受益人申请。

B.保单未指定身故受益人的或受益人为“法定”的：由被保险人的全体继承人申请。

（3）仅申请保费豁免：由投保人或被保险人申请。

故您不能委托保险业务员或保全员代领保险金、退保金等款项。

注：上述申请人未成年或不具备完全民事行为能力的，由申请人的监护人代为申请。

2.身故保险金受益人为多人的情况，如何办理理赔申请？

申请身故保险金时，受益人需填写“身故受益人身份确认表”。多个受益人可共同办理理赔申请，也可委托一人办理理赔申请，多人委托一人办理时，每一委托人均需填写《理赔授权委托书》。

注：对于受益人为“法定”或未指定受益人的身故保险金理赔申请，我公司不负责保险金多受益人之间的继承份额划分，保险金一次性给付，由全体受益人共同受领或全体受益人授权一人受领。

3.是否所有的银行账户（银行卡）都可以办理理赔款转账支付？

各地区银行转账要求有所不同，有关转账银行的目录以及转账账户、银行卡的要求，您可详细咨询您的保单服务人员，或拨打全国统一服务热线95511以获得详细的信息。

4.理赔时应准备哪些申请资料？

以下材料为您办理理赔申请时所需的基本材料，但由于保险事故的具体情况不同，本公司可能还会需要您提供一些与本次理赔相关的其他材料。

应备资料		申请项目															
		意外医疗		疾病医疗及重大疾病						身故及残疾							
		门诊	住院	疾病住院医疗	一般住院津贴	癌症住院津贴	手术津贴	重大疾病（防癌）	因患癌症的保费豁免	生命尊严提前给付	疾病身故	因疾病身故的保费豁免	意外身故	因意外身故的保费豁免	疾病残疾（失能）	意外残疾（失能）	宣告死亡
保单		*	*	*	*	*	*	*	*	*	*	*	*	*	*	*	*
身份及关系证明文件	理赔申请书	*	*	*	*	*	*	*	*	*	*	*	*	*	*	*	*
	被保险人身份证明	*	*	*	*	*	*	*	*	*	*	*	*	*	*	*	*
	被保险人户籍证明										*	*	*	*			*
	受益人身份证明、户籍证明、与被保险人关系证明										*	*	*	*			*
病历资料	门（急）诊病历	*	*	*	*	*	*	*	*	*	*	*	*	*	*	*	
	出院小结		*	*	*	*	*	*	*	*	*	*	*	*	*	*	
	诊断证明（见注1）	*	*	*		*		*	*	*							
	手术证明						*										
医疗费用收据	医疗费用收据原件、费用清单（处方）	*	*	*			*										
	医疗费用收据复印件				*	*	*										
意外事故证明		*	*										*	*		*	
身故或残疾证明材料	死亡证明书										*	*	*	*			
	法医学鉴定书或医院鉴定诊断书														*	*	
	户口注销证明										*	*	*	*			*
	遗体处理证明										*	*	*	*			
	法院出具的宣告死亡证明文件																*
存折首页复印件（如选择银行转账）		*	*	*	*	*	*	*		*	*		*		*	*	*

注：1、癌症、重大疾病诊断证明书需同时提供相关检查、检验结果资料

5.如您对以上内容存在疑问，请登陆中国平安网站（www.pingan.com）或拨打中国平安全国统一服务热线（95511）及时联系我们咨询。

第二节　平安产险

平安产险简介

中国平安财产保险股份有限公司（简称“平安产险”）是中国平安长期以来经营和发展的基础，28年来，平安产险业务规模逐年攀升，业务发展稳健。2014年，平安产险获中国保监会核准同意，股本达到210亿元人民币。经营区域覆盖全国，在国内各省市、自治区设有41家分公司，2200多个营业网点；此外，还在世界150个国家和地区的近400个城市设立了查勘代理网点，与中国再保险集团公司、汉诺威再保公司、安联再保公司、慕尼黑再保公司、瑞士再保公司等国内外160多家保险公司、再保公司建立了业务往来。

平安产险首页截图

中国第二大财产保险公司

2014年，平安产险实现保费收入1428.57亿元，同比增长23.8%。依据中国保监会公布的2014年中国保险行业数据计算，平安产险的保费收入约占中国产险公司原保险保费收入总额的18.9%。以保费收入衡量，平安产险是中国第二大财产保险公司。

2015年，平安产险实现保费收入1639.55亿元人民币，同比增长14.5%。面对竞争日趋激烈、行业盈利能力面临下行压力的产险市场，平安产险坚持创新发展，持续提升专业技术水平，盈利能力保持良好，综合成本率为95.6%。

车险第一品牌

2014年，平安车险保费收入首次突破1000亿元，成为车险第一品牌。

平安车险页面截图

平安产险业务范围

平安产险业务范围涵盖车险、企财险、工程险、货运险、责任险、信用险、家财险、意外及健康险等一切法定产险业务及国际再保险业务，近年又适时开发推出了电话营销专用车险、环境污染责任险、食品安全责任险、安全支付责任险、董事及高级职员责任险、光伏组件能效损失补偿责任险、诉讼财产保全责任险、国内贸易信用保险、移动通信费用信用险、运动员失能保险、境外旅行意外伤害保险、个人账户资金损失险、非机动车综合险、宠物保险、装修类保险、租房类保险、奶粉保险等符合市场需求的新险种。

平安产险优势

平安产险在国内同业中率先实行核保核赔制度；率先引进风险控制体系；截至2015年已连续17年按国际标准出具精算报告；从2002年推出首张与国际接轨细分风险的车险费率表以来，风险筛选和精准定价的能力不断加强；在全系统推行全预算管理；全面导入ISO 9001质量管理体系，顺利通过SGS认证；2007年7月成为首家获批车险电话销售专属产品的公司，并率先在上海建立了全国最大的集中电销中心；2014年12月成为首家获批可推行电子保单的财产险公司，国内首张商业车险电子保单在北京签发，拉开了车险行业保单无纸化的序幕。

2009年全国首推“快易免”服务承诺以来，已连续6年升级服务标准，通过大数据挖掘客户需求，在业内首次推出赔款即时到账、零查勘简易理赔、微信理赔等服务举措，全面推行“线上+线下”的理赔服务模式，努力为客户打造最便捷、最透明、最贴心、最放心的理赔服务模式，持续引领行业服务水平提升；2014年推出移动互联平台“平安好车主”APP，围绕车主出行生活，打造从“车保险”到“车服务、车生活、车娱乐”的全方位生态圈，为车主提供一站式金融生活消费体验。

平安产险荣誉

凭借强大的科技金融研发实力、卓越的市场表现、持续的产品创新及优秀的客户体验，平安车险、财产险连续5年蝉联工信部“2015C-BPI汽车保险行业”及“2015C-BPI财产险行业”中国品牌力第一名，荣获“黄金品牌”称号。

在中国标准化研究院主办的“中国顾客满意度”调查中，平安车险连续3年名列汽车保险行业客户满意度第一名。

“车险智慧理赔系统”“移动即时服务创新项目”“个人账户资金损失保

险”等项目连续3年蝉联深圳金融创新奖。

2014年，平安产险荣获中国质量万里行杰出贡献奖。

相关链接》》

平安产险多地开售 居民住宅地震巨灾保险最高保额100万元

为深度贯彻落实保监会、财政部印发的《建立城乡居民住宅地震巨灾保险制度》的要求，2016年7月1日，平安产险首份中国城乡居民住宅地震巨灾保险保单正式生效。截至2016年7月5日，该产品已在北京、上海、深圳、苏州、广州等多地正式出单。

据悉，自2015年4月中国城乡居民住宅地震巨灾保险共同体（以下简称“共同体”）成立以来，包括平安产险在内的41家共同体成员公司整合保险行业承保能力，在保监会的指导下开展城乡居民住宅地震巨灾保险业务。经过反复测算，让地震巨灾保险产品以低于国际同类产品的价格投入市场。现阶段，城镇居民住宅每户的基本保额为5万元，农村居民住宅每户的基本保额为2万元。此外，居民还可在此基础上与平安产险协商确定保险金额，运行初期最高不超过100万元，保险责任覆盖4.7级（含）以上且最大烈度达到VI度以上的地震，及其引起的海啸、火灾、火山爆发、爆炸、地陷、地裂、泥石流、滑坡、堰塞湖及大坝决堤造成的水淹等各个维度的次生灾害。

平安产险方面表示，为服务经济社会、保障民生安危，平安产险长期在应对巨灾风险方面开展深入探索，除了参与巨灾保险制度的建立外，还不断从自身的服务流程进行梳理，做好巨灾后的应对工作。近年来，在“威马逊台风”“鲁甸地震”等自然灾害发生时，平安产险均在第一时间快速启动大灾十项应急救援举措，主动快速开展救灾、爱心援助及理赔服务。在刚刚过去的“阜宁龙卷风”灾害中，平安产险第一时间赶往事故现场，开展人伤慰问，并通过开通绿色理赔通道，利用“电话直赔”等线上理赔服务举措，事故发生后仅40分钟即完成一笔车险理赔。

与此同时，平安产险还不断利用新科技为更多客户提供巨灾风控服务，已通过大数据、LBS（基于位置服务）等创新手段，建成国际领先的“鹰眼（DRS）”系统，搜集了中国64年137条9大类自然灾害数据，通过建模可判别11.8亿个物理空间的量化风险，尽可能帮助客户将风险前移。

平安产险方面表示，未来将落实保监会部署要求，持续推动城乡居民住宅地震巨灾保险工作扎实开展，并在未来一段时期内，致力于推进覆盖洪水、台风等主要自然灾害在内的巨灾保险制度建设以及巨灾应对服务工作，实现巨灾保险业务的可持续健康发展，在服务经济社会、改善民生保障中发挥更重要的作用。

相关知识

交强险

1. 什么是交强险？

交强险的全称是“机动车交通事故责任强制保险”，是由保险公司对被保险机动车发生道路交通事故造成受害人（不包括本车人员和被保险人）的人身伤亡、财产损失，在责任限额内予以赔偿的强制性责任保险。

2. 为什么要强制上险？

每天马路上都会出现各种交通事故，既有小剐小蹭也有伤残死亡的。很多事故中的责任人没有能力去补偿受害者或者受害者家属，这时候交强险就显得尤为重要了。尤其对于一些除了车，家中一贫如洗的车主来说，一旦出了交通事故，交强险就能代替他完成难以支付的经济赔偿。这也就是为什么交强险必须强制上险。

3. 交强险标志。

购买交强险后，保险公司会颁发一个交通强制保险标志给车主，并且该标志还需要粘贴到车的前挡风玻璃上。若不贴，即使购买了交强险，警察也会视其为未缴纳交强险；如果不能够及时拿出有效证明，车辆就会被扣留。若证明已缴纳交强险，但没有粘贴车标，则会对驾驶员进行1分+200元的处罚。

4. 交强险怎么收费？

其保费实行全国统一收费标准，由国家统一规定，但是汽车型号不同，交强险价格也不同，主要影响因素是“汽车座位数”。

机动车交通事故责任强制保险基础费率表

车辆大类	车辆明细分类	保费（元）
一、家庭自用车	家庭自用汽车6座以下	950.00
	家庭自用汽车6座及以上	1100.00
二、非营业客车	企业非营业汽车6座以下	1000.00
	企业非营业汽车6～10座	1130.00
	企业非营业汽车10～20座	1220.00
	企业非营业汽车20座以上	1270.00
	机关非营业汽车6座以下	950.00
	机关非营业汽车6～10座	1070.00
	机关非营业汽车10～20座	1140.00
	机关非营业汽车20座以上	1320.00
三、营业客车	营业出租租赁6座以下	1800.00
	营业出租租赁6～10座	2360.00
	营业出租租赁10～20座	2400.00
	营业出租租赁20～36座	2560.00
	营业出租租赁36座以上	3530.00
	营业城市公交6～10座	2250.00
	营业城市公交10～20座	2520.00
	营业城市公交20～36座	3020.00
	营业城市公交36座以上	3140.00
	营业公路客运6～10座	2350.00
	营业公路客运10～20座	2620.00
	营业公路客运20～36座	3420.00
	营业公路客运36座以上	4690.00

（续表）

车辆大类	车辆明细分类	保费（元）
四、非营业货车	非营业货车2吨以下	1200.00
	非营业货车2～5吨	1470.00
	非营业货车5～10吨	1650.00
	非营业货车10吨以上	2220.00
五、营业货车	营业货车2吨以下	1850.00
	营业货车2～5吨	3070.00
	营业货车5～10吨	3450.00
	营业货车10吨以上	4480.00
六、特种车	特种车一	3710.00
	特种车二	2430.00
	特种车三	1080.00
	特种车四	3980.00
七、摩托车	摩托车50CC及以下	80.00
	摩托车50CC～250CC（含）	120.00
	摩托车250CC以上及侧三轮	400.00
八、拖拉机	兼用型拖拉机14.7kW及以下	按保监产险〔2007〕53号实行地区差别费率

5. 交强险计算方式。

最终保费＝基础保费×（1+与道路交通事故相联系的浮动比率）×（1+与交通安全违法行为相联系的浮动比率A）

6. 交强险赔偿标准。

交强险赔偿标准如下表所示。

交强险赔偿标准

赔偿项目	责任方（元）	无责任方（元）
死亡伤残	110000	110000
医疗费用	10000	1000
财产损失	2000	100
最高赔偿金额	122000	111100

7. 申请交强险赔偿的注意事项。

（1）出险后通知保险公司要及时，以便理赔人员及时前来查勘。

（2）因保险事故损坏的受害人财产需要修理的，被保险人应当在修理前同保险人一起检验，协商确定修理或者更换项目、方式和费用。

（3）被保险人进行索赔时，需要向保险人提供的材料包括：

√交强险的保险单；

√被保险人出具的索赔申请书；

√被保险人和受害人的有效身份证明；

√被保险机动车行驶证和驾驶人的驾驶证；

√公安机关交通管理部门出具的事故证明，或者人民法院等机构出具的有关法律文书及其他证明。

第三节　平安养老险

平安养老险简介

平安养老保险股份有限公司（简称“平安养老险”）于2004年成立，2006

年与平安人寿团体保险重组，目前在全国拥有200多家分支机构，经营范围涵盖以年金为主的养老资产管理、以大病及基本段为主的医保服务，以及传统团体保险业务，为政府、企业团体及个人提供综合性金融服务。

平安养老险页面截图

首家盈利的养老险公司

面对激烈的市场竞争，平安养老险不断创新与突破，业务规模和市场份额持续增长，公司经营绩效持续提升。自2006年重组以来，公司业务规模不断扩大，经营绩效持续提升。2010年平安养老险成为业内首家盈利的养老险公司，并持续盈利。

“智慧医保”管理

平安养老险积极参与政府医疗保障体系建设，打造集咨询、经办于一体的“医保一账通”模式，打造行业领先的“智慧医保”管理和服务系统，帮助医保降低成本、提高保障、提升服务，助力政府实现“管理式医疗”。厦门等地“智慧医保模式”试点成效显著，深圳重特大疾病项目获得突破。

平安养老险规模

团队规模

截至2015年年末，公司员工总数为10000多人，拥有投资人员、年金产品经理200多人，精算、保险两核人员300多人，运营及客服人员2000多人，IT开发人员800多人，医保专业团队500多人。

客户规模

截至2015年年末，平安养老险累计为129万个团体客户提供了企业年金及保险服务，正在为32万个团体客户、9016万个个人客户提供年金、资管及保险服务。

业务规模

截至2015年年末，平安养老险管理的企业年金受托资产、投资资产及其他委托管理资产超过3100亿元，在国内专业养老保险公司中保持领先地位；长期险和短期险业务规模分别为84.35亿元和131.93亿元，市场份额位居市场前列。

从保监会公布的业务统计数据（含保险、年金、资产类业务等）来看，截至2015年12月底，公司总体业务规模在寿险行业所有法人机构中排名第六位，在保险行业中整体名列第八位，是唯一入选2015年度亚洲保险竞争力国内寿险10强榜单的养老险公司，同时获评“亚洲最佳养老险公司”。

相关链接》》

平安养老险年销售规模1800亿元 获评亚洲最佳

2016年5月10日，由中国保险行业协会养老保险专业委员会、新华社中国经济信息社、新华社中国金融信息中心及平安养老保险股份有限公司（以下简称“平安养老险”）联合主办的2016中国养老金投资论坛在京召开。此次论坛对养老金投资的政策研究、产品创新及未来发展等多个方面进行深入探讨。

会上，相关专家表示虽然当前保险行业在参与养老金投资管理方面仍处于初期阶段，但专业的养老保险公司经过10年的发展，已经取得了一定的成绩。根据人社部发布的2015年全国企业年金基金业务数据摘要：5家养老险公司受托管理规模合计达到4169.83亿元，在10家受托人中占比为72.7%；4家养老险公司和3家保险资管公司投资管理规模合计达到4790.7亿元，在20家投资管理人中占比达到51.7%。

据平安养老险董事长兼CEO杜永茂透露，经过10年的发展，平安养老险已经走上一条专业经营、创新发展的道路。截至2015年年底，公司企业年金受托管理规模为1272亿元，投资管理规模为1326亿元，在国内专业养老保险公司中保持领先。根据保监会公布的业务统计数据（含保险、年金、资产类业务等），公司2015年销售总规模达1800亿元，按规模总量进入保险行业前八大公司，获评“亚洲最佳养老险公司”。

杜永茂介绍，2012—2015年，平安养老险单一计划投资业绩是市场上连续4年超越3年定存款利率的6家投资管理人之一，也是唯一达到这个目标的养老险公司。2015年，在市场大幅波动的环境下，公司整体投资收益仍达10.36%，高于市场0.48个百分点；权益类单一计划收益率为12.11%，高于市场1.61个百分点，稳居市场第六。数据显示，平安受托下，2007—2015年客户平均投资业绩为13.4%，高于市场2.1个百分点。

针对2016年企业年金投资策略，平安养老险投资总监王承炜分析认为，需充分发挥长期资金的优势，提高投资的有效性。首先，平安会尽量分散化投资，积极探索新的领域，提高组合的有效性；其次，要资产配置均衡化。具体投资策略上，核心关注利率、信用和增长等要点。

谈到企业年金投资的探索与创新时，平安养老险年金总监李连仁指出，与国际上成熟的养老金投资相比，我国企业年金基金的投资风险偏好总体偏低，委托人风险需求与收益需求不匹配，也无法体现员工差异化的风险收益偏好。未来也可以进一步引入风险平价配置模型，并逐步尝试个人投资选择权。对此，平安养老险在这方面已经做好准备，“E企赢”“好福利”分别为企业人事和员工提供了网络端和移动端应用平台，实现企业年金管理的移动化和自动化。

随着我国老龄化趋势的日益加剧，养老问题已经成为各界热议的话题，商业养老保险公司将迎来新的发展机遇。对此，杜永茂指出，随着国家进一步改革和完善现有养老保险制度，机关事业单位职业年金运作即将落地，基本养老金结余即将市场化投资运作，养老第三支柱政策将择机出台，养老险行业将迎来新的发展机遇。平安养老险将全面投身于中国养老保障三个支柱建设，在监管部门的领导和指导下，为中国养老保障事业做出更大的贡献；成为让客户放心，让监管满意，让市场认同的专业养老资产管理机构。

保监会人身保险监管部副主任王治超、中国保险行业协会会长朱进元、新华社中国经济信息社总裁徐玉长、新华社中国金融信息中心总经理叶国标、平安养老保险股份有限公司董事长兼CEO杜永茂、中国社会科学院世界社会保障中心主任郑秉文等业内专家、学者及上百位大型企业相关负责人参会。

相关链接》》

中保协发布《2015中国职工养老储备指数大中城市报告》

2015年11月29日，中国保险行业协会（以下简称“中保协”）在北京举行新闻发布会，正式发布了《2015中国职工养老储备指数大中城市报告》（以下简称《报告》）。中国保监会副主席黄洪出席会议并启动指数发布仪式，保监会人身险监管部主任袁序成、中保协会长朱进元，以及中国社会科学院、清华大学、人民大学等国内养老领域资深专家学者、专业养老险公司及人身险公司有关负责人、新闻媒体等共100多人参加了《报告》发布会。会议由中保协秘书长刘琦主持。

该指数研究项目在中国保监会的指导下，由中国保险行业协会、人社部社会保障研究所、中国社科院世界社保研究中心、中国金融信息中心联合主办，平安养老保险股份有限公司（以下简称“平安养老险”）承办。

职工养老储备仍有较大的提升空间

《报告》显示，2015年中国大中城市职工养老储备指数值为59.7，接近评价基础标准，表明目前状况基本满足了城市职工养老储备要求，但仍有较大的提升空间。一级指标中，稳定度最高，指数值为62.6，充足度次之，指数值为59.2，认知度最低，指数值为56.6，比储备指数低了3.1。

据了解，该《报告》研究历时近一年，分别采用了线上和线下实名制抽样调查方式，调研了我国36个大中城市的城镇企业单位职工共计5400多人，较为深入全面地了解了全国大中城市职工养老储备的现状和需求。指标体系由3个一级指标和15个二级指标组成，其中一级指标分别是充足度、稳定度和认知度；二级指标则涵盖了公众普遍关注的基本养老保险、商业养老保险、企业年金、不动产、养老规划等内容。同时，在指标体系中纳入相应的权重系数及五个档次的评价基准，实现了从充足度、稳定度和认知度3个方面对我国大中城市企业职工养老储备情况进行客观、综合、全方位的量化评价，填补了我国养老相关领域的空白。

《报告》研究成果是国内首个衡量养老储备稳定度、充足度、认知度，并对其效益评价进行系统调查和全方位数字化测量的一个综合性的指数，是保险业积极贯彻落实“新国十条”的一项重要举措，也是保险业积极参与国家社会民生、养老保障体系建设的重要实践，对于推动民生养老保障水平的提高具有重要的意义和价值。

三大建议积极解决问题

《报告》调查结果贴近民生三大建议积极解决问题。一是不同企业养老储备情况差异较大。《报告》显示，分企业类型看，国有企业职工养老储备总指数最高（63.8），其他类型内资企业（主要是民营企业）最低（56.1）。分行业看，金融业和采矿业最高（均为62.1），住宿和餐饮业最低（57.4）。分企业规模看，1000～9999人的企业最高（65.9），19人及以下的企业最低（46.8）。二是商业保险发展空间有待进一步扩展。企业年金计划和各种商业性保险（养老和医疗等）是职工养老储备的重要组成部分，但受访者中，参加企业年金计划的职工人数比例仅为33.5%，而购买个人商业养老保险的人数占比为41.3%。另外，企业没有提供重大疾病保险、商业意外保险、商业补充医疗保险和长期护理保险中任何一项的受访者高达38.3%；而个人没有购买上述任何保险产品的比例为42.0%。三是养老资产配置结构需进一步优化。就公众关心的房产和储蓄问题，《报告》显示，中国城镇职工平均拥有不动产为1.06套，住房作为养老储备的工具是必要的，但考虑到未来住房从总体上将供大于求，随着老龄化高峰期的到来，变现能力可能面临着较大挑战。因此，住房的养老功能只能作为一种补充，而不应被过分夸大。同时，受访者（含家庭）对银行储蓄情有独钟，这一人数比例高达

79.8%，这表明中国家庭的大类资产配置还是比较保守，长期来看还有待改进。

针对调研中发现的问题，《报告》也提出三点建议：一是基本养老保障制度改革很有必要，同时应在路径选择上下功夫，抓住改革重点；二是提高职工养老储备水平的根本出路就在于大力发展商业保险，尤其是尽快推出“税延个人养老账户”，让职工自己参加账户投资增值；三是重构家庭大类资产配置有利于提升职工养老储备水平，需要完善资产市场，并进行文化塑造。

推进中国养老保障制度的改革完善

《中国职工养老储备指数大中城市报告》是业内首创的指数类报告，于2013年9月首次正式对外发布。本次由中国保险行业协会主导，联合人社部、社科院、中国金融信息中心等单位，由平安养老险独家承办，共同推进第二次中国职工养老储备指数的研究工作。

由中保协牵头主办的指数研究，将进一步提升指数的专业性、权威性和公信力；发挥行业协会成为整个行业数据库的功能，提升指数的代表性、真实性、科学性。下一步中保协还要进一步整合各方资源，动员各方力量，引进更多的政府权威部门参与论证，不断完善指标体系设计，努力扩大调查范围，广泛听取各方意见，确保指数的专业性、科学性和权威性。希望通过指数发布，引导社会各界和广大民众积极关注社会养老保障体系建设，推动保险行业养老保险业务健康快速发展。

第四节　平安健康险

平安健康险简介

平安健康保险股份有限公司（以下简称“平安健康险”）是中国平安集团旗下的专业健康保险公司，2005年6月13日经中国保险监督管理委员会批准设立，公司注册资本为人民币6.25亿元，总部设在中国上海。2010年8月，中国平安保险（集团）股份有限公司与南非最大的健康保险公司Discovery签署合作协议，为平安健康险引进战略投资者。拥有国际化触角的平安健康险主要业务范围包括各类健康保险业务、意外伤害保险业务、政府委托管理健康保险业务、健康咨询服务业务、健康保险再保险业务等。

平安健康险首页截图

健康促进计划

平安健康险秉持“让生活更健康”（making people healthier）的经营理念，专注于为个人客户和企业客户提供卓越的高端医疗保险，帮助罹患疾病的人们恢复健康。同时，平安健康险在中国首创“健行天下”健康促进计划，科学引导人们建立健康生活习惯，享受更舒适的生活。与传统健康保险公司不同，平安健康险不仅在客户罹患疾病或者发生意外时发挥作用，更推动客户改善健康。通过“健行天下”健康促进计划，可以降低医疗保障成本，提升员工生产力，让客户生活更健康。

24小时客户服务

平安健康险建立了全球医疗服务协作网络和客户服务响应系统，能够为团体客户和个人客户提供完整的医疗保障、健康保健和专家咨询服务，公司拥有完善的信息管理系统，能够为客户提供24小时中英双语电话咨询服务以及覆盖全球主要国家和地区的紧急救助服务。

平安好医生

平安好医生在线健康信息咨询服务平台（简称“平安好医生”），以家庭医生与专科医生的在线诊疗服务作为切入口，配合大数据的挖掘、分析及应用，用线上、线下相结合的方式，为客户提供形式多样、内容丰富的个性化医疗及健康管理服务。平安好医生APP已于2015年4月上线，截至2016年7月1日，注册用户已突破8000万人，日咨询峰值近25万次，并保持较高的活跃率和客户满意度，力争成为中国互联网健康服务第一入口。

平安好医生

平安好医生logo

平安好医生首页截图

相关知识

健康险

健康险是健康保险的中文简称，是指保险公司通过疾病保险、医疗保险、失能收入损失保险和护理保险等方式，对因健康原因导致的损失给付保险金的保险。详细内容可参考健康保险。

有别于人寿保险以人的寿命为被保对象，健康保险分得更细致，被保对象可以是人的身体、健康状况、身体意外以及发生意外后需要护理的身体等，例如长期疾病保险、短期医疗保险、短期意外伤害保险等。

相关概念

（1）长期健康保险是指保险期间超过一年或者保险期间虽不超过一年但含有保证续保条款的健康保险。

（2）短期健康保险是指保险期间在一年及一年以下且不含有保证续保条款的健康保险。

（3）保证续保条款是指在前一保险期限届满后，投保人提出续保申请，保险公司必须按照约定费率和原条款继续承保的合同约定。

（4）健康险赔付中医疗保险按照保险金的给付性质可分为费用补偿型医疗保险和定额给付型医疗保险。

（5）费用补偿型医疗保险是指根据被保险人实际发生的医疗费用支出，按照约定的标准确定保险金数额的医疗保险。

（6）定额给付型医疗保险是指按照约定的数额给付保险金的医疗保险。

（7）费用补偿型医疗保险的给付金额不得超过被保险人实际发生的医疗费用金额。

健康险的分类

1. 医疗保险。

即医疗费用保险，指以约定的医疗费用为给付保险金条件的保险，即提供医疗费用保障的保险。它是健康保险的主要内容之一，不仅包括医生的医疗费和手术费用，还包括住院、护理、医院设备等的费用。

2. 疾病保险。

指以疾病为给付保险金条件的保险，包括普通疾病保险与重大疾病保险两种形式。通常这种保单的保险金额比较大，给付方式一般是在确诊为特种疾病后，立即一次性支付保险金额。

3. 收入保障保险。

指以因意外伤害、疾病导致收入中断或减少为给付保险金条件的保险。具体是指当被保险人由于疾病或意外伤害导致残疾，丧失劳动能力不能工作以致失去收入或减少收入时，由保险人在一定期限内分期给付保险金的一种保险形式。

4. 护理保险。

长期护理保险是为因年老、疾病或伤残而需要长期照顾的被保险人提供护理服务费用补偿的健康保险。保险范围分为医护人员看护、中级看护、照顾式看护和家中看护四个等级，但早期的长期护理保险产品不包括家中看护。

相关链接》》

关注健康 平安好医生助力国足健儿征战世预赛12强赛

2016年4月15日，作为中国足协中国之队的官方合作伙伴，中国平安宣布，向男足团队50人捐赠平安好医生尊享体检卡，以鼓励男足冲进2020年俄罗斯世界杯预选赛12强。

尊享体检卡旨在为用户提供专业的体检服务，帮助用户了解身体健康情况，预防疾病、保持健康。同时，该卡还为用户提供家庭医生的专业咨询、健康评估、制订私人健康计划、用药指导和定期回访等服务。中国足球队在其官方微博上表达了对中国平安及平安好医生对国足成员健康关注的感谢，并号召粉丝们“要健康，上平安好医生”。

平安好医生APP是中国平安于2015年推出的首款互联网健康管理产品。该创新产品定位于用户随身的“移动医院”，以医生资源为核心，提供实时咨询和健康管理服务。推出至今，已有1000名自聘全职医生、5000名三甲医院名医、5万名外部医生入驻。同时，平安好医生也联合了逾2500家合作体检机构及超1万家合作医院，直指“看病难”“挂号难”“预约难”和“与医生交流时间短”等医疗健康难题，旨在为6500万名用户打造便捷、高效、优质的全新健康管理O2O体验。

凭借自建的全职医生团队，平安好医生APP致力于为客户提供实时健康咨询和健康管理服务，包括一对一专属家庭医生咨询及实时免费的专科医生咨询，咨询内容覆盖预防保健、导医初诊、康复随访和用药建议等多个层级的健康医疗信息服务需求。同时，结合丰富的线下医疗资源，平安好医生APP也可为用户安排第二诊疗咨询、线下门诊加号、手术主刀预约等服务。

在搭建医生服务体系的同时，平安好医生也通过与药品网络零售终端的合作，将医生与患者交流过程中的建议直接落实在药品上，提供医药结合的一站式解决方案。据了解，目前平安好医生APP已可支持逾2万种日常用药的快捷购买，在北京、上海、广州等城市还可在1小时内送药上门。

近年来，中国平安在推动传统金融深化和创新的同时，也在不断积极推进互联网金融的发展和探索，围绕“医、食、住、行、玩”，建立两大垂直门户：一是资产管理，二是健康医疗，欲将平安打造成国际领先的个人金融生活服务提供商。2015年上线的平安好医生正以打造全方位的健康服务医疗平台为目标，逐步搭建“医网”“药网”“信息网”三网合一，定位于健康医疗门户的前端入口，为健康、亚健康与有诊疗需求的用户提供线上健康咨询和线下相结合的健康医疗、药品器械、电子健康档案、医保、商保支付等服务。

【拓展阅读】平安健康险团体投保书

中国平安 PING AN
保险 · 银行 · 投资

IG0104000000010
单证代码 Document code: 000000YC1301

平安健康保险股份有限公司
PING AN HEALTH INSURANCE COMPANY OF CHINA, LTD

团体投保书
Group Insurance Application Form

该团体投保书适用于有5个被保险人（含）以上的团体客户投保申请。
This form is for the application of employer groups with over 5 employees.

您需要做的：

步骤一：填写此表格：
1.请用蓝黑、碳素墨水以正楷简体字填写，字迹清晰（涂改无效）
2.请完整准确填写，并在适当的□加上“√”

步骤二：请附加下述相关投保申请材料：
- 完整被保险人清单（需盖公章）
- 团体投保人告知（需盖公章）【MHD&LPEC需提供】
- 团体个人健康告知（需每位被保险人签字）【FMU需提供】
- 协议或确认函（需盖公章）

步骤三：请将此表格原件（需盖公章）连同相关投保材料提交至平安健康险的销售人员。

特别说明：
本投保书为投保人与保险公司所订立保险合同的重要组成部分，请投保人认真阅读产品说明书和保险条款，在确认已充分理解保险责任条款、免除保险人责任条款、保险合同解除条款后再做出投保决定。

What you should do:

Step 1: Please fill in this form using block letters:
1. Write clearly in dark blue or black ink.
2. Fill in completely. Tick the relevant boxes when required.

Step 2: Please attach the following documents to this form:
- Completed company census template (chopped with company stamp)
- Group health declaration (chopped with company stamp) is required only for MHD & LPEC underwriting
- Individual health declarations (signed by each individually) are required only for FMU underwriting
- Contract summary (chopped with company stamp)

The above documents can be obtained from your sales agent

Step 3: Please submit the original of this form (chopped with company stamp) and the application materials to your Ping An Health sales agent.

Note:
This Application Form is an integral part of the Insurance Contract between the Applicant and the Insurer. The Applicant should read the product introduction and the terms and conditions carefully, and apply for insurance with a full understanding of the terms andconditions regarding the insurance benefits, exclusions and contract termination.

1、投保单位资料 Details of the group

单位名称 Full name of the group		组织机构代码 National Organization Certificate Code	
证件类型 Business certificate	□工商登记证 Business Registration Certificate □税务登记证 Tax Registration Certificate □其他 Other ____	证件有效期至 Valid until	YYYY/MM/DD
证件号码 Certificate number			
单位地址 Address	____省/直辖市 Province/Municipality ____市 City ____区/县 District/County ____	邮政编码 Postcode	
单位总机 Phone	国际区号 International area code ____ 区号 Region code ____ 号码 Number ____	传真 Fax	
投保单位年总收入 Total income	万 RMB	员工人数 Number of employees	□< 50 □50-500 □500-3000 □3000-10000 □>10000

行业类型 Industry type	□农、林、牧、渔业 Agriculture, forestry, animal husbandry and fishery	□采矿业 Mining industry	□电力、燃气及水的生产供应业 Electricity, gas and water production and supply industry
	□批发和零售业 Wholesale and retail trades	□制造业 Manufacturing	□交通运输、仓储和邮政业 Transportation, storage and postal industry
	□住宿和餐饮业 Accommodation and catering industry	□建筑业 Construction	□信息传输、计算机服务及软件业 Information transmission, computer services and software industry
	□租赁和商务服务业 Leasing and business services sector	□金融业 Financial sector	□水利、环境和公共设施管理 Water, environment and public facilities management
	□居民服务和其它服务业 Residents services and other services	□房地产业 Real Estate	□科学研究、技术服务和地质勘查业 Scientific research, technical services and geological prospecting industry
	□文化、体育和娱乐业 Culture, sports and Entertainment	□教育 Education	□卫生、社会保障和社会福利业 Health, social security and social welfare sector
	□公共管理和社会组织 Public administration	□国际组织 International	□其他 Other

联系人 Contact person of the group

姓名 Name	□先生/Sir □女士/Madam	职务/部门 Position and Department		电子邮箱 Email	
联系人办公电话 Phone	国际区号 International area code ____ 区号 Region code ____ 号码 Number ____ 分机 Extension ____			联系人手机 Mobile phone	

法定代表人或负责人
Legal representative or owner of the group
人均保费在2万元及以上（现金形式缴纳）或人均保费在20万元及以上（转账形式缴纳）需要填写
Only to be completed if the premium is paid in cash and exceeds RMB20 000 per insured or if the premium is paid via bank transfer and exceeds RMB200 000 per insured

姓名 Name		证件类型 Certificate type	□身份证ID card □其他Other____	证件号码 Certificate No.		证件有效期至 Valid until	YYYY/MM/DD

控股股东或实际控制人
Controlling group or individual
人均保费在2万元及以上（现金形式缴纳）或人均保费在20万元及以上（转账形式缴纳）需要填写
Only to be completed if the premium is paid in cash and exceeds RMB20 000 per insured or if the premium is paid via bank transfer and exceeds RMB200 000 per insured

姓名 Name		证件类型 Certificate type	□身份证ID card □其他Other____	证件号码 Certificate No.		证件有效期至 Valid until	YYYY/MM/DD

2、投保事项与交费信息 Application and payment details

交费方式 Method of premium payment	□银行转账/Bank transfer □支票/Cheque	币种 Currency of premium payment	
主被保险人数 Number of primary insureds to be covered		连带被保险人人数 Number of dependents to be covered	
保费承担 Premium contribution split	□单位全额承担/All contributed by the employer □个人全额承担/All contributed by the individuals □个人按比例分担____%/ Partially contributed by the individuals	缴费频次 How often you will be paying your contributions	□趸缴 /Single payment □年缴/Annually □半年缴/Semi-annually □季缴/Quarterly □月缴/Monthly
特别约定 Special provisions	□无特别约定/No （无需另行描述/ No extra information needed）	如有特别约定，请在此栏填写具体内容：If there is any special agreement, please elaborate:	

3、投保人数与保障计划 Number of insureds and benefit plan

险种名称 Insurance product	总被保险人数 Number of insureds to be covered	险种合计保费 Total premium
合计保费 Grand total	大写金额： Total amount (written in words)	小写金额： Total amount (written as a number)

声明 Declaration

1. 平安健康保险股份有限公司及其代理人已提供我单位所投保产品条款，对条款进行了说明，尤其是对免除保险人责任条款（如责任免除、免赔额、免赔率、比例赔付等条款）、合同解除条款等进行了明确说明，明确说明的内容包括了上述条款的概念、内容及其法律后果等。
2. 我单位确认保险公司已对保险合同中免除保险人责任条款（如责任免除、免赔额、免赔率、比例赔付等条款）以足以引起投保人注意的文字、字体、符号或者其他明显标志作出提示，同时我单位对所投保产品条款、产品说明书及保险协议已认真阅读并理解，特别对其中免除保险人责任条款（如责任免除、免赔额、免赔率、比例赔付等条款）的概念、内容及其法律后果已充分理解。
3. 我单位已就综合福利保险事宜与全部被保险人进行了宣导和沟通，凡参与该保险的全部被保险人均了解保障内容且同意由我单位统一办理投保事项；且已经认真阅读并理解产品说明书、投保须知、特别约定、所投保险种条款，确认对其中各项内容尤其是保险责任条款、免除保险人责任条款、合同解除条款均已完全理解并同意遵守。
4. 我单位在征询被保险人的相关情况后，对所有被保险人有关情况已经明确知悉，我单位保证填写的健康、财务及其它各项告知内容均属真实，与本投保书有关的问卷、体检报告及对体检医生的各项陈述均确实无误，并作为本保险合同的组成部分，如有隐瞒或不实告知，保险公司有权依法解除保险合同，并对合同解除前发生的保险事故不承担保险责任。
5. 我单位已知晓如下内容：

（1）本投保书为投保人与保险公司所订立保险合同的重要组成部分，一切与本投保书各事项、协议/投保确认函及保险条款不相符的解释、说明及承诺、保证均属无效。

（2）所有告知事项以书面告知为准，口头告知无效。

（3）投保人提出保险申请、保险公司同意承保，本合同成立。本合同自保险公司同意承保、收取保险费并签发保险单开始生效，具体生效日以保险单所载的日期为准；如保险公司经审核不同意承保，将无息全额退还暂收保险费，并收回有关收据。

（4）如果本投保书的中英文表述不一致，以中文表述为准。

（5）平安健康保险股份有限公司未授权保险营销员、保险代理机构和保险兼业代理机构向我单位现金收取保险费。

1. Ping An Health Insurance Co. Ltd. and its sales agent have provided us with the terms and conditions of the insurance product for which we are applying, and have explained such terms and conditions, especially the exclusion clauses (such as: liability exclusions, deductibles, deductible ratios, and benefit ratios) and the contract termination clause. The concepts, contents and legal consequences of the terms and conditions above have been clearly explained.
2. We hereby acknowledge that the insurance company has highlighted the exclusion clauses (such as: such as. liability exclusions, deductibles, deductible ratios, and benefit ratios) in the Insurance Contract by means of texts, fonts, symbols or other prominent signals that are sufficient to be noted by the Applicant. Moreover, We have carefully read and fully understood the terms and conditions, product introduction and Insurance Contract of the insurance product for which we are applying, especially the concepts, contents and legal consequences of the exclusion clauses (e.g. liability exclusions, deductibles, deductible ratios, and benefit ratios).
3. We have communicated with all the insureds on the comprehensive benefit insurance, and all the insureds have understood the benefits and agree to authorize our company to apply for the insurance; all the insureds have carefully read and understood the product introduction, application notice, special agreement, and the terms and conditions of the insurance product for which we are applying; all the insureds have confirmed that they have fully understood and will abide by the contents of such documents, especially the terms and conditions regarding the insurance benefits, exclusions and contract termination.
4. After inquiring about the insureds' relevant situations, we have clearly learned all the information about the insureds. We hereby guarantee that all the health, finance and other declarations issued by us are true, all the questionnaires, health checkup reports and representations made to checkup doctors relating to this application form are correct, and they shall form an integral part of this Insurance Contract. In case of any concealment or false declaration, the Insurer may terminate the Insurance Contract under law, and shall be released from any insurance liability to any insurance incidents that occurred before the contract termination.
5. We confirm the following:

(1) This Application Form is an integral part of the Insurance Contract between the Applicant and the Insurer. All the explanations, undertakings and guarantees that are inconsistent with this Application Form, the Insurance Contract/application confirmation letter and the insurance terms and conditions shall be ineffective.

(2) All declarations shall be made in writing, and any oral declarations shall be ineffective.

(3) This Contract shall be formed when the Applicant submits an insurance application and the Insurer agrees to provide insurance. This Contract shall take effect when the Insurer agrees to provide insurance, receives the premium, and issues the insurance policy. The effective date shall be the date specified on the insurance policy. Where the Insurer rejects the application after review, the Insurer will refund the premium in full with no interest, and take back the relevant receipt.

(4) In case of any inconsistencies between the English version and Chinese version of this Application Form, the Chinese version shall prevail.

(5) Ping An Health Insurance Co. Ltd. has not authorized any insurance sales agents, insurance brokers or sideline insurance agents to collect premiums in cash from us.

投保单位负责人签章
Signature of the applicant's authorized representative

投保单位签章
Applicant's official seal

____年____月____日
(YYYY/MM/DD)

中介机构或渠道信息 Details of the intermediary			
中介机构或渠道名称 Name of intermediary		中介机构或渠道代码（由平安健康险销售人员填写） Code of intermediary (provided by PAH's sales)	

如有疑问，请与我们联系
服务热线（中文）：95511 按7，或+86 400 883 3663 按1（大陆地区以外拨打）
网站：www.health.pingan.com
所有平安健康险最新版单证均可从www.health.pingan.com下载

If you have any queries, please contact us:
Tel (English): +86 400 883 3663 option 2
Website: www.health.pingan.com
All Ping An Health forms can be obtained from www.health.pingan.com

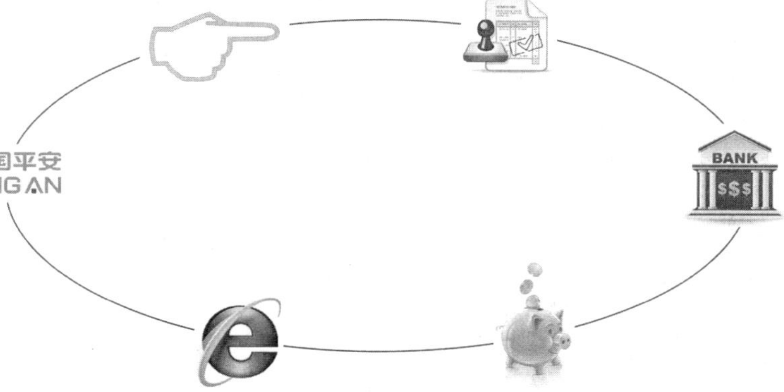

第五章
银行，中国平安之枝干

导言：

中国平安通过平安银行经营银行业务。银行业务以“公司、零售、同业、投行”四轮驱动，突出“专业化、集约化、综合金融、互联网金融”四大特色，为客户提供供应链金融、投资银行、同业金融、小微金融、个人消费金融、信用卡、汽车融资、私人银行等全方位综合金融服务。

第一节　平安银行

平安银行简介

平安银行股份有限公司（简称“平安银行”）是一家总部设在深圳的全国性股份制商业银行。其前身是深圳发展银行股份有限公司，后者于2012年6月吸收合并原平安银行并于同年7月更名为“平安银行”。中国平安及其子公司合计持有平安银行59%的股份，为平安银行的控股股东。截至2015年年末，平安银行在职员工为37937人，通过全国54家分行、997家营业机构为客户提供多种金融服务。

平安银行页面截图

平安银行架构

平安银行持续深化组织模式改革，全面实施事业部制，截至2015年年末，全行共有11个产品事业部、6个行业事业部及1个平台事业部，形成了地产、能源矿产、交通、现代物流、现代农业、医疗健康、文化旅游七大行业产业链“全覆盖”模式。

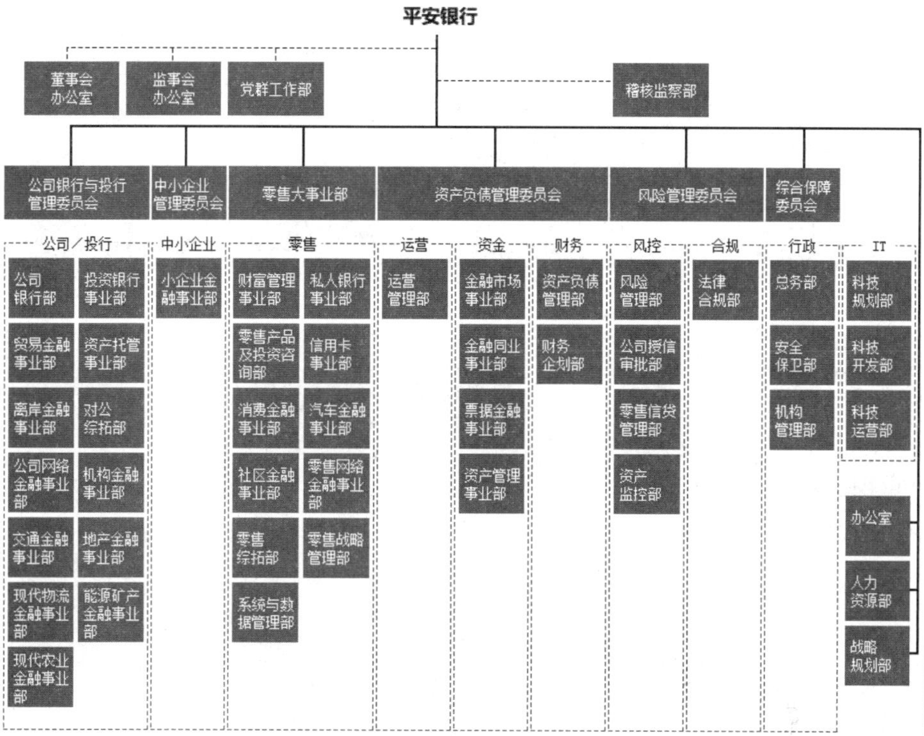

平安银行架构

平安银行业务规模

资产

截至2015年12月31日，平安银行资产总额为25071.49亿元，较年初增长14.67%；各项存款余额为17339.21亿元，较年初增加2007.38亿元，增幅为13.09%，增速于同业中居领先地位，市场份额稳步提升；拥有各项贷款（含贴现）12161.38亿元，较年初增长18.68%。

营业收入

2015年，平安银行实现营业收入961.63亿元，同比增长31.00%；营业利润为593.80亿元，同比增长43.93%；净利润为218.65亿元，同比增长10.42%；资本充足率为10.94%，一级资本充足率及核心一级资本充足率都为9.03%，满足监管标准。

余额

截至2015年12月31日，平安银行存款余额较年初增长13.52%；贷款（不含贴现）余额较年初增长21.36%；贸易融资授信余额为4918.12亿元，较年初增长10.96%。

零售业务

在零售业务方面，截至2015年12月31日，零售存款余额较年初增长10.91%；零售贷款（含信用卡）余额较年初增长14.58%；管理个人客户资产快速增长，期末余额突破6600亿元。

资金同业业务

2015年，平安银行“黄金银行”“期权专家”和“智慧交易”三大业务品牌影响力不断提升，行E通互联网平台发展迅猛，合作客户已超500家。

投行业务

在投行业务方面，2015年，平安银行投行业务实现非利息净收入53.89亿元，同比增长67%；资产托管净值余额为3.69万亿元，较年初增长105%，实现托管费收入29.39亿元，同比增长109.18%。

小企业金融业务

在小企业金融业务方面，2015年平安银行小企业业务以结构调整为主，以控制风险暴露为主要经营目标。贷贷平安商务卡稳步发展，截至2015年12月31日，全行累计发放贷贷平安商务卡客户数为95.86万户，贷贷平安商务卡存款余额为129.13亿元，授信客户为24.71万户，贷贷平安商务卡授信余额为864.81亿元，贷款余额为525.48亿元，平均利率稳定在15.45%的水平。

橙e网

平安银行全力打造的橙e网平台坚持“供应链金融+互联网金融”的战略定位，全面构建面向行业产业链和中小企业转型的服务生态体系，以创新的“B2B、B2C到C2B”服务模式，全面推进“互联网+产业+金融”的发展形态。2015年年底，橙e网触网用户数超过200万人，网络融资发放额超过210亿元。

橙e网首页截图

平安银行荣誉

近年来，平安银行荣膺“年度最佳股份制银行”“最受投资者尊重的百强上市公司”“最佳供应链金融服务银行”等多项荣誉。

橙e网荣获《银行家》颁发的十佳金融产品创新奖、2015年在线供应链金融优秀案例奖等多项荣誉。

平安橙子荣获中国网上银行促进联盟颁发的年度最佳业务模式创新奖、《银行家》颁发的年度十佳互联网金融创新奖等多项大奖。

相关链接 》》

打造互联网时代新金融 平安银行获评“2016中国最佳互联网创新银行”

2016年7月15日，由《证券时报》主办的2016中国财富管理高峰论坛暨最佳财富管理机构评选颁奖盛典在上海举行，监管机构、银行、保险、券商及新型互联网金融机构共聚一堂，探讨了当前形势下，金融机构合作共赢的发展路径、互联网金融新势力在财富管理领域的挑战与机会等多个主题。凭借在互联网金融领域的创新实践和成果，平安银行被评为“2016中国最佳互联网创新银行”。

响应国家“互联网+”战略　打造互联网时代新金融

2015年，“互联网+”上升为国家战略。“互联网+”是互联网思维的进一步实践成果，推动经济形态不断地发生演变，从而焕发社会经济实体的生命力，为改革、创新、发展提供广阔的网络平台。

平安银行紧抓时代潮流，洞察先机。早在2014年，平安银行就确立了“做互联网时代的新金融”战略，坚持“跳出银行办银行”，将“互联网金融”作为该行潜心打造的四大业务特色之一。将技术创新和有效服务新经济深度结合，平安银行努力推进新技术下的金融服务模式开发，借助新技术升级完善金融产品、提升金融服务，有效满足新经济业态的新需求。

顺应国家“互联网+”战略的要求，平安银行致力于推动“互联网金融生态圈+产业金融生态圈”的同步发展，目前已经构建了橙e网、平安口袋银行、平安橙子、行e通、金橙俱乐部等面向公司、零售、同业、投行四大客户群体的互联网门户，形成强大的互联网金融线上服务能力。

“互联网金融+供应链金融”　构建全新产融生态体系

橙e网深谙产业互联网发展规律，精准定位于“互联网金融+供应链金融”领域，为产业链上的企业，尤其是广大中小企业提供生意管理、业务协同、融资、支付、结算、理财、保险、专业资讯等综合金融服务。通过标准化金融服务方案封装和快速输出，橙e网着力解决了企业跨行收款、订单支付匹配、交易见证、资金增值、B2B电票/应收账款融资等难题，助力中小企业电商化转型，服务模式从B2B向B2C、C2B延伸，开展“平台+平台”的联盟合作，努力打造供应链金融生态圈。

值得一提的是，橙e网始终紧扣“互联网+”趋势，并发扬传统银行优势。一方面，致力于“传统银行+互联网”创新，推出线上供应链金融、企业网银、手机/微信银行、电商金融、电子政务金融、跨境金融等服务，实现“PC+Pad+Phone+柜面”全渠道协同一致的O2O服务。另一方面，践行“跳出银行办银行”理念，扩展互联网应用场景与应用渠道，以免费的电商平台生意管家、物流服务发货宝和行情信息橙e资讯等，打造中小企业“互联网+”时代的营商平台，为中小企业提供普惠服务。

上线2年来，橙e网服务用户已超300万个，注册用户超过230万个，其中企业用户超过44万个，实施合作项目1500多项，服务电商平台300多家并间接服务此类平台过亿用户，累计在线融资金额超过5000亿元，在线交易笔数超过40万笔，探索出了一条传统商业银行试水“互联网+”的创新之路。

相关链接 》

平安银行行长邵平：道术合一 商业银行转型突围之路

“他四年磨一剑，打破固有思维，跳出银行办银行，为未来发展开拓空间；他审时度势，运筹帷幄，带领平安银行凤凰涅槃。”2016年第四届银行业综合评选委员会对平安银行行长邵平做出了高度评价，并为他颁发“年度战略银行家”大奖，这是由全国数百万位网友、综合研究机构、专家评委共同投票评选出来的重量级殊荣。

2016年7月7日，由新浪财经主办的2016年中国银行业发展论坛暨第四届银行业综合评选活动在北京举行。银监会国有重点金融机构监事会主席于学军及20多位国内银行业高管共聚一堂，就“未来银行之路：转型与突围”展开讨论。作为“年度战略银行家”的获得者，平安银行行长邵平出席论坛并以“银行经营的‘道’与‘术’——呼唤银行家精神”为主题发表主旨演讲。

随着中国经济进入“L”形发展阶段，银行业的利润增速出现断崖式下跌，从2011年的36.34%锐减到2015年的2.43%。同时，商业银行不良率持续攀升，截至2016年第一季度，银行业不良率上升到1.75%的水平，关注类贷款占比上升到4.01%，拨备覆盖率下滑到175.03%。一方面风险持续暴露，另一方面银行资产荒现象日益明显。

“对银行人来讲，可以说现在进入了一个‘焦虑时刻’。”在邵平看来，当前银行业面临的困境，其背后有着不以人的意志为转移的客观规律。如果说银行本质上是经营风险的企业，那么，我们是否在风险的管理上出现了理念上的偏差呢？因此，他指出，应在新的长周期下，摒弃短视的激进，回归到长远的理性，使银行长期保持稳定的RAROC回报，这就是商业银行的经营之“道”。

“RAROC代表了现代银行的审慎经营理念，将未来可预计的风险损失量化为当期的成本，对当期收益进行调整；同时，为非预期损失做出资本储备，使银行的收益与所承担的风险挂钩，进而衡量资本的使用效率。”邵平行长分析道，“前些年，很多银行在繁荣期高歌猛进，追求高额的会计利润，而对经风险调整后的资本收益缺乏考量；此刻，不良资产大量侵蚀利润的现实告诉我们，现在到了风险调整的时候，我们原来创造的报表利润正在被风险无奈地调整着，我们在还历史的账。”

“把握住稳健经营的‘道’，银行就有了基业长青的可能；但要在困局中突围，脱颖而出，还需要构建差异化的竞争优势，提升精细化管理的水平，这就是银行经营的‘术’。”邵平行长在演讲中讲道。

在邵平看来，制定转型发展战略并坚定不移地推进和执行，在喧嚣混乱中保持清醒的头脑，通过精细化管理，走出差异化的道路是银行突围的必然选择。现在，中国银行业已经进入到管理制胜的时代，未来几年，将会更加考验银行业智慧经营的能力和管理水平。

邵平行长还提出，驾驭“稳健之道”和“创新之术”需要银行家精神的回归。商业银行的经营是一个长周期的过程，经历长周期的考验，才会真正塑造出兼具“道”和“术”的银行家，也将使我们看到银行家精神的回归。

他表示，银行家精神归纳起来有四点：一是要牢固树立稳健经营的信仰，将打造百年老店作为最终的目标；二是要矢志不移地加强战略管理，不为短期利益所左右，真正做到“面对风雨，不动如山”；三是要提高精细化管理水平，始终保持清醒的头脑，走出差异化的道路；四是要有创新的精神内核，必须坚持有效创新。

演讲结束前，邵平行长引用毛主席的“光明在前”与各位银行家共勉，并希望与大家携手，勇毅笃行，经受住经济大周期的考验和洗礼，造就基业长青的伟大银行。

第二节　平安普惠

平安普惠简介

平安普惠金融业务集群（以下简称“平安普惠”）是中国平安旗下成员，以创新的科技和卓越的客户体验，为广大个人和小微型企业提供专业的贷款服务，助力中国实体经济发展。

平安普惠页面截图

平安普惠业务

平安普惠业务分为两种：无抵押业务和有抵押业务。

平安普惠业务

无抵押业务

主打产品：优房贷、iPOS贷、POS贷、车主贷、寿险贷、业主贷、薪金贷、车商贷。

创新产品：平安普惠i贷。

无抵押业务特点如下图所示。

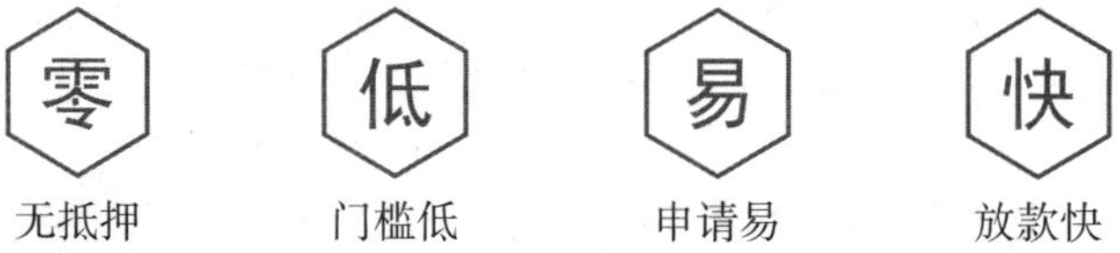

无抵押业务特点

有抵押业务

主打产品：宅e贷。

有抵押业务特点如下图所示。

有抵押业务特点

平安普惠的发展

平安普惠的发展如下图所示。

- 2015年：集团整合平安信保、平安直通贷款业务、陆金所辖下的P2P小额信用贷款业务及富登融保业务，成立平安普惠金融业务集群，专注解决个人和小微企业的消费金融需求
- 2014年：收购富登融保，拓展小微企业市场
- 2011年：成立陆金所发展P2P业务
- 2010年：创立平安直通贷，开展借款产品的线上销售服务
- 2007年：成立信用保证保险事业部，首创“保证保险+银行贷款”的业务模式，帮助个人及小微企业客户获取无抵押贷款
- 2005年：中国平安最先于深圳开启个人消费金融业务

平安普惠的发展

相关链接》》

平安普惠单月贷款额破百亿，剑指全球第一消费金融品牌

李克强总理在《2016年政府工作报告》中提到：“在全国开展消费金融公司试点，鼓励金融机构创新消费信贷产品。”在供给侧改革的大背景下，以消费金融为代表的行业正在成为解决供需结构不平衡的突破口。

2016年4月，中国平安集团旗下成员平安普惠单月贷款额突破100亿元，缔造了消费金融行业的百亿“传奇”，成为国内领先的消费金融品牌。

早在发表2016年新年致辞时，中国平安集团董事长马明哲便透露平安未来将

着力于将“互联网+金融”模式向全行业开放，全面开启平安3.0时代，而平安普惠正是一柄利剑。

对此，背靠“互联网金融看‘三马’”之一的全牌照平安体系，平安普惠从整合诞生之初就图谋远大。平安普惠副总经理徐汉华就曾表示，平安普惠旨在重新定义中国消费贷款的服务标准，并在3年内成长为全球第一的消费金融品牌。

平安3.0时代的擎旗手

在消费金融领域，以BAT为代表的互联网公司无疑占据了消费和流通场景的先天优势，并在不断从线上往线下进行渠道拓深。2015年阿里旗下的蚂蚁花呗首次参与“双十一”活动，全天交易总笔数就达到了6048万笔，占支付宝整体交易的8.5%。

在这一背景下，尽管平安普惠缺乏先天的消费场景支持，但依靠不断丰富的全产品线和简便快捷的金融体验，它创造了单月贷款额突破100亿元的传奇，以“黑马之姿”在一众消费金融服务商中脱颖而出，成为国内领先的消费金融品牌。

究其原因，这与其自身独具的战略性优势息息相关。倚靠持金融全牌照优势的平安集团，平安普惠拥有得天独厚的资源优势；而平安集团集其在互联网金融领域的成功经验和技术能力，致力于将平安普惠打造成为全球领先的消费金融服务提供商。

作为贷款端的开放式平台，平安普惠与投资端的陆金所正好构建了一个完整的金融闭环。从这个角度来看，平安普惠不仅是马明哲开启平安3.0时代的一步重棋，也是将互联网金融业务往纵深发展、打造开放式互联网金融服务平台的重要砝码。

内部整合，资源协同效应显现

中国平安集团在普惠金融领域已深耕多年，是国内最早开展小额消费信贷业务的金融企业，累计帮助超过200万名客户获取超过900亿元贷款。

2015年，平安集团整合旗下平安直通贷款业务、陆金所辖下的P2P小额信用贷款以及平安信用保证保险业务这三大业务，成立平安普惠金融业务集群，形成规模合力，实现了渠道、产品、团队的整合协同和线上、线下资源的优势互补。

整合不足一年，平安普惠成为在全国已拥有近600家门店，分布在超过170个城市，拥有逾4万人的超级团队，其贷款规模以每月100亿元新增贷款的量级在成长……这些数字共同构成了平安普惠巨人级的体量。

由规模体量带来的竞争壁垒本身就是难以逾越的，更何况平安普惠的整合优势并不仅在于渠道、人力层面的积累，还有平安集团内部各业务长年积累下来的金融专业能力、风控能力和产品运营能力。这些，正是金融品牌赖以成功的核心命脉所在。

多元创新，深耕互联网金融

近年来的消费金融市场，各种营销奇招、花样广告层出不穷、铺天盖地。可是谁也不能否认或回避这样一个不争的事实：产品和服务才是与受众进行面对面沟通最有力的工具和品牌力的实质性体现。

依托集团庞大的专业数据支持和科技创新能力，平安普惠在产品覆盖的宽度和专业服务的深度方面，都已经真正做到了“普惠”二字的标准，保证每个地方、每个人都能享受优质金融服务；同时，通过深度经营闭环内外客户、创新科技手段管理风险，以及PC、移动终端、电话等多平台协作，实现快速放款和简易续贷。

2016年4月全新升级的平安普惠无抵押产品，可以根据客户的差异化资产配置，智能匹配产品，为其量身定制最优贷款方案；同时，针对客户“快、急、多”的贷款需求，引入O2O、KYC、大数据分析、身份识别、标准化审批模型等领先科技，打造集智能、疾速、个性化和简单于一体的大额贷款服务，实现从申请到放款最快1天的客户体验，将普惠金融推向极致。

与此同时，平安普惠不断强化其互联网层面的属性：i贷借助人脸识别缔造了最快6分钟放贷的新速度、宅e贷以O2O2O模式颠覆传统房屋抵押贷款模式、远程实时视频系统实现在线签约流程、全民嗨贷节引发全民狂欢……在产品设计、服务体验、营销运营等多个维度都提供了具有启示性的“互联网+普惠金融”实践范本。

可以说，平安普惠单月破百亿元的业绩是战略优势积累和发力之下水到渠成的结果。在风起云涌的互联网金融行业，金融专业背景出身的平安普惠更像一个专注、专业又不乏创新意识的领路人。当然，行事低调的平安普惠从来都不缺信心和野心。平安普惠董事长兼CEO赵容奭表示：“未来平安普惠将以每月100亿元的新增贷款额为新起点，开启消费金融帝国新时代。”而这个新时代，必然是剑指3年内全球第一消费金融品牌的目标。

相关链接》》

平安普惠荣膺“新金融探路者先锋企业”引领互联网金融创新

2016年5月15日，由《经济观察报》和北大光华管理学院共同举办的“新金融探路者大讲堂”活动在北京举行，包括著名经济学家陈志武、经济观察研究院院长新望、平安普惠品牌管理部副总经理程瑞等数百位业界代表悉数出席。经过数月的评选角逐，平安普惠在活动现场一举获得“新金融探路者先锋企业”殊荣。

以“逾齠齿，敢担当”为主题，此次活动旨在通过业内嘉宾的观点分享与实践交流，让国内金融行业回归理性和规范，并同时弘扬、辅助和支持中国新金融的创新发展，以及寻找那些在目前新金融的浪潮中已经褪去“乳牙”、敢于担当的行业先锋。

当前，我国正处于发展新经济的关键时期。而在“互联网+”和信息技术革命的双重推动下，以互联网金融为代表的新金融在拓展金融服务覆盖面、助推供给侧结构性改革以及促进新经济的快速发展方面功不可没。

著名经济学家、耶鲁大学终身教授陈志武在发言中表示：“互联网金融解决了消费金融的空缺问题，从本质上讲不仅激发了中国经济的潜力，还因为帮助众多企业和个人解决实际生存问题而具有普惠性。”

与此同时，获奖单位平安普惠品牌管理部副总经理程瑞强调：“伴随着国内互联网金融市场的逐步升级，金融从业者须常怀敬畏之心。除了对瞬息万变的市场和客户需求敬畏外，更重要的是必须尊重和敬畏金融本质的风险。”

平安普惠此次能荣获“新金融探路者企业先锋”殊荣，无疑得益于其在风控体系建设中取得的显著成就。据了解，平安普惠的信贷损失始终低于市场平均水平，这离不开它的一整套包括信贷风险管理和审贷授信管理系统的中央风控管理机制；而它领先的第三方数据自动接入系统、申请评分模型、人脸识别技术等，目前也已全面实现贷款决策的全自动化。

近两年来，国内借贷乱象和平台跑路事件频发，对社会造成了极大的负面影响。为了更好地解决此类问题，除了加强监管、提升行业透明度外，企业还需通过技术创新，利用智能化的手段有效完善个人信用评价体制，并更高效、准确、迅速地提升其风险管控能力。

互联网金融的飞速发展和国家相关政策的引导扶持同时也全面开启了普惠金融的崭新时代。越来越多的企业开始通过品类齐全、高效多元的借款产品让更多的人获得方便、实惠的金融服务，以此更好地协助社会实体经济的发展。

据悉，作为中国普惠金融的最早践行者，平安普惠秉承“专业让贷款更简单”的服务理念，通过10多年贷款服务经验领先的商业模式、250万数据积累领先的风控机制、“线上+线下”的业务创新步伐，给予普罗大众一应俱全的消费贷款服务和最好的客户体验，真正做到“普惠精神”。

程瑞强调：“作为中国新金融的代表，无论是互联网金融还是普惠金融，最重要的还是要做好风控。只有凭借专业的服务态度和审慎风险的互联网金融公司，才能真正实践普惠金融，为社会所有阶层和群体提供可靠、安全有保障的金融服务。”

相关链接》》

平安普惠推出远程实时视频审批，贷款全线上“面”核时代来了

个体工商户和小微企业主的资金周转需求往往“短”“频”“急”。然而，在为融资进行贷款申请时，这些企业经常因资产规模小、缺少抵押物等原因，遭遇“吃闭门羹”和“负分滚粗”的情况。那么，如何快速解燃眉之急呢？

2016年4月20日，面向小微企业主和个体工商户，平安普惠突破性地实现了远程实时视频审批机制，并将运用POS机流水数据进行征信的方式融入贷款服务中，给予客户在线审批迅速获贷的“e贷款”体验。

远程实时视频审批，实现零上门操作

据悉，技术升级后，客户使用平安普惠APP提交申请后，通过远程视频面谈就可以完成签约流程。平安普惠审批员通过与客户交谈互动掌握第一手风险信息，审核面谈最快仅需20分钟。最快可实现5分钟授信，1分钟续贷，审核通过后贷款即可到达客户账户。

据了解，平安普惠的这项服务特别适合使用POS机开展业务的小微企业法定代表人、个体工商户、私营企业主，并且率先在业内推出远程实时视频审批流程。

对个体工商户和小微企业主来说，由于其收入状况、还款能力、信用级别以及企业经营状况难以被评估，因此市面上大多数无抵押贷款依然无法脱离线下审批与签约环节，增加了很多时间成本。

“在实际生活中，因申请困难、放款迟缓等原因造成资金周转不灵，不少生意人白白错失了很多业务机会。”平安普惠内部人士坦言，POS机作为生意人每天交易的高频工具，能较真实地反映商户的经营情况，从而也为精简贷款流程带来了机会。在市场需求的催化下，这种服务模式应运而生。

强风控确保高额度，让信用变成额度

平安普惠始终坚持以科技创新引领金融服务创新，不断提升服务品质。主打产品平安普惠i贷面向个人客户，借助人脸识别技术，最快6分钟即可放款，获得了年轻族群的热捧。

不同于个人消费者，个体工商户和小微企业主所需的融资需求往往在几万元至几十万元之间浮动。由于这部分客户业务规模小、稳定性较低，因此一直是传统金融机构避而远之的人群。

针对小微企业主信用状况难评估的难题，平安普惠将POS机流水数据运用到审批环节，以创新的风控模型为个体工商户和小微企业主进行大数据画像，为这部分人群增信，让信用可以转化为额度。

现在，个体工商户和小微企业主只要有连续的POS机流水记录，即可通过远程视频流程进行贷款申请，最高可获取达50万元的贷款额度。

作为中国规模最大的消费金融服务提供商，一直以来，平安普惠以市场为导向、以创新为驱动，通过模式创新、业务创新、体验创新，致力于为客户提供更简单、快捷、安全的金融服务，践行“专业，让贷款更简单”的服务理念。

第六章
投资，中国平安之发展

导言：

投资业务是中国平安的另一个重要业务支柱。平安信托、平安证券、平安资产管理、平安海外控股、平安资产管理（香港）和平安大华基金共同构成中国平安投资与资产管理业务平台，致力于满足不同层次客户的投资产品和服务需求。

第一节　平安信托

平安信托简介

平安信托有限责任公司（以下简称“平安信托”）是中国平安投资控股的独立法人机构，是国内第一批获准重新登记的38家信托投资公司之一。

其前身平安信托投资有限责任公司成立于1996年7月2日，是中国平安的控股子公司。2002年2月，平安信托经中国人民银行批准重新注册登记，成为全国第一批获准重新登记的信托投资公司之一。

到目前为止，平安信托代管理资产超过32亿元。

平安信托首页截图

平安信托的发展

平安信托的前身为成立于1984年的中国工商银行珠江三角洲金融信托联合公司。

1996年，经中国人民银行批复同意，中国平安收购了该公司股权，收购完成后更名为“平安信托投资公司”，同时注册资本由原来的人民币0.5亿元增加至人民币1.5亿元。

2001年，经中国人民银行批复，重新登记和增资改制，更名为“平安信托投资有限责任公司”，同时注册资本由人民币1.5亿元增加至人民币5亿元。

2003年，经中国人民银行批复，注册资本由人民币5亿元增加至人民币27亿元。

2005年，经中国银行业监督管理部门批复，本公司的注册资本由人民币27亿元增加至人民币42亿元。

2008年，经中国银行业监督管理部门批复，注册资本由人民币42亿元增加至人民币69.88亿元。

2010年，经国家工商行政管理总局核准，正式更名为“平安信托有限责任公司”。

2015年，经中国银行业监督管理部门批复，注册资本由人民币69.88亿元增加至人民币120亿元。

平安信托的产品

平安信托的产品如下图所示。

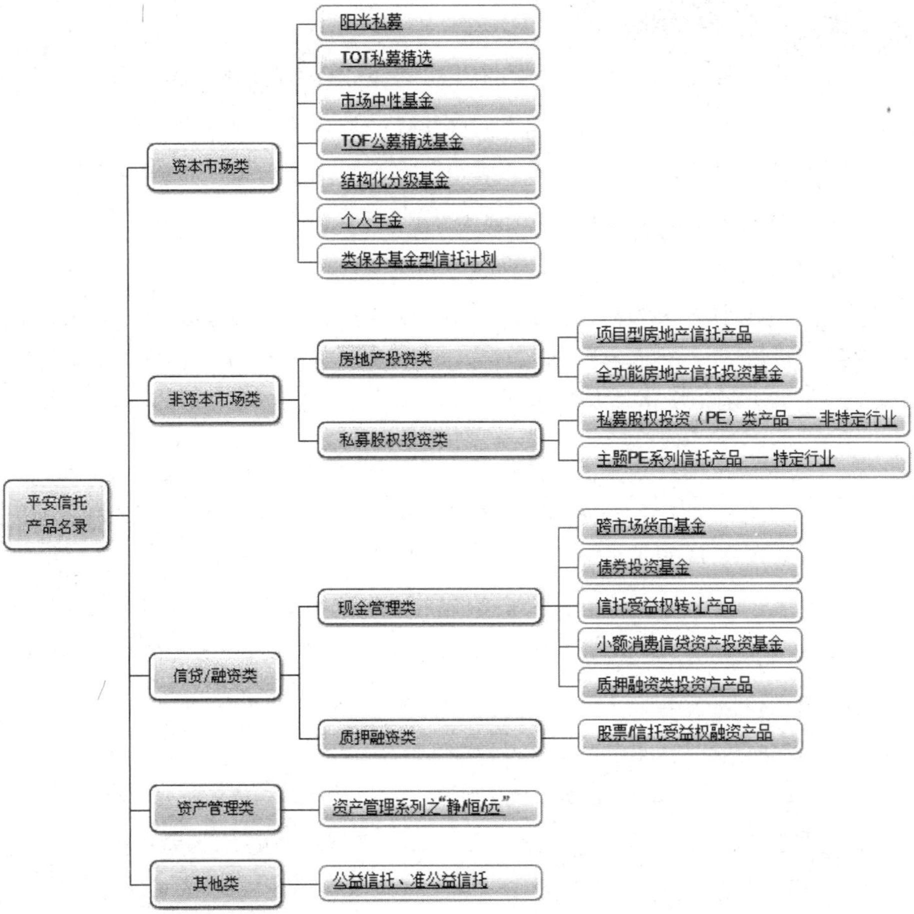

平安信托的产品

相关链接

平安信托2015年净利31亿元 增幅超四成

2015年的平安信托经历了较多的高层人事变动，但是从年底的数据来看，平安信托仍取得了不错的业绩。

日前，根据全国银行间市场披露的51家信托公司财报数据显示，2015年的平安信托实现净利润31.09亿元，同比增长41.95%，盈利列第四；营业收入73.72亿元，同比增长30%，名列第二。

同样是从资金提供者向资产管理者转型，创新动作较大的平安信托如前期战略所述，2015年重点打造了四大业务板块，拉动其走向新一年的“互联网+”和“综合金融+”的信托3.0时代。

人事变动未打乱公司部署

对于信托利润的增长，平安信托相关负责人在接受《投资者报》记者采访时表示，主要来自两个方面：一是在集团战略部署下，重点打造了私人财富管理（零售）、私募投行和机构资产管理（对公）、金融同业（同业）、股权投资（PE）四大业务板块，实现了从资金的提供者向资产的管理者转型，通过规模的增长带来管理费收入的增加；二是固有业务投资收益的增长。

但是，2015年对平安信托来说并非一帆风顺。

自2014年童恺调任集团任职后，平安信托陆续出现人事变动，2015年上半年，李萌、庄汉平等数位高管相继离职，2015年年底，董事长张金顺因个人身体原因辞职，公司董事任汇川代行董事长职责，新任董事长至今尚未任命。

如何在大规模高层变动下切换公司经营工作，并使之保持稳定增长？平安信托相关负责人向《投资者报》记者介绍，虽然管理层有所变动，但在集团统一的战略统筹下，公司业务保持了很好的连续性，并根据市场环境进行创新。

“公司已构建4条业务线，实现从资金提供者向资产管理者的转型，同时，通过建立全新的风控体系与拨备机制和打造配套的IT与运营支持平台等措施，积极推进了战略的落地。”负责人说。

事业部推行取得初步成效

去年上半年，平安信托前董事长张金顺提出，未来公司将定位于投资金融服务提供商，在原有财富管理业务与非资本投资业务两大业务基础上进行整合升级，打造包括私人财富管理业务、对公私募投行/资产管理业务、金融同业业务及股权投资业务在内的四大核心业务。

平安信托的这轮调整重点打造区域事业部，对公和同业业务曾引发外界一些人对“是否会挤压零售业务”的担忧。

但从预期披露数据来看，截至2015年年末，平安信托零售业务的规模已接近2900亿元，高净值个人客户突破6万人。

据悉，2015年，平安信托通过推行事业部制，布局北京、上海、深港澳等10多个重点市场，主攻地区投融资业务，在重点市场进一步深化业务触角，支持供给侧实体经济。同时，在投资领域进一步强化产融结合的力度，深入产业发掘新的蓝海。

地产领域助力平安人寿收购又一处海外地标性建筑Tower Place；资本市场领域结合多层级资本市场完善和发展的趋势，推出“私募赢+”平台，并成功引进发行4只新三板策略产品，逐步实现信托产品与资本市场的有效对接；PE领域成立规模高达5亿美元的首只海外募资的主动管理型QFLP基金，同时推出首只市场化的医疗健康行业专项投资基金，规模达37亿元。

“事业部制更加扁平化，组织效率更高，战斗力更强，灵活度更好。公司的事业部制提高了信托的专业能力，便于信托深耕区域和行业。”前述负责人向本报记者介绍。

全力打造领先O2O财富管理

在亮眼的数字之外，更引人注目的则是平安信托的战略布局——正式提出迎接“互联网+”和“综合金融+”的信托3.0时代，全力打造国内领先的O2O财富管理平台。

信托3.0时代的开启意味着平安信托的业务布局将向轻资产模式方向发展。在四大核心业务中，零售聚焦高净值客户；对公侧重私募和资产管理，降低信托贷款比重；同业发力多层次资本市场；PE瞄准新兴产业。

“平安信托瞄准的是未来5～10年的市场发展，四大板块的业务方向具有较大的市场潜力，与‘互联网+’和‘综合金融+’的信托3.0相一致，也将促进平安信托向3.0时代迈进。”

平安信托负责人向记者详解未来发展布局：零售方面聚焦高净值客户，通过O2O模式，在使用户获得更好体验的同时，降低运营成本。对公方面，通过资产管理和私募投资，提高企业的直接融资比例，降低融资成本，助力传统产业转型升级和实体经济发展。同业方面，降低原来的通道业务比重，助力我国多层次资本市场建设，积极拓展资产证券化业务。PE方面，支持新兴产业的发展，获得中小企业成长发展带来的回报。

据记者了解，新一年，平安信托将从利用平安集团互联网平台和发挥传统信托线下优势两个方面来全力打造O2O财富管理平台提升客户体验，降低运营成本。

与此同时，根据数据显示，2014年11月正式推出的平安财富宝，经过一年多的发展也已取得明显进展，平台用户数突破160万人，交易量近1400亿元，资产存量近700亿元，为平安信托推荐高净值客户达9000多人。

第二节　平安证券

平安证券简介

1991年8月，平安保险公司证券业务部在深圳成立，1995年10月，经中国人民银行批准，平安证券有限责任公司（以下简称“平安证券”）正式成立，注册地为北京，公司总部设在深圳。经历数次增资扩股，公司资本金为30亿元人民币，是中国平安旗下的重要成员。目前，平安证券已经成长为国内主流券商之一。

平安证券网页截图

2006年，经中国证券业协会评审通过，平安证券成为“创新类”券商之一。在2007世界金融实验室年度大奖评选活动中，平安证券荣获“中国最值得信赖的十大证券公司”称号。

平安证券开户流程

平安证券线下开户流程如下图所示。

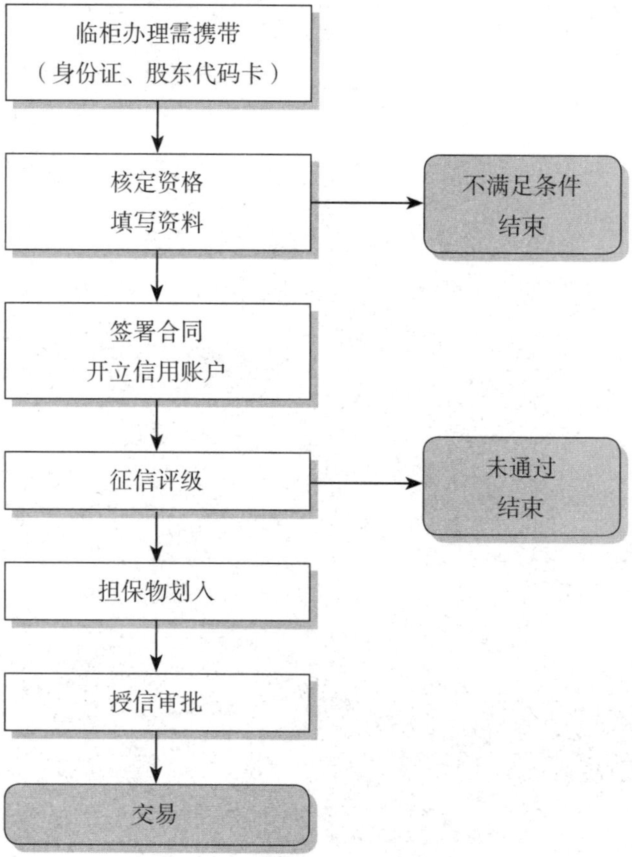

平安证券线下开户流程

平安证券融资融券业务办理流程

平安证券融资融券业务办理流程如下图所示。

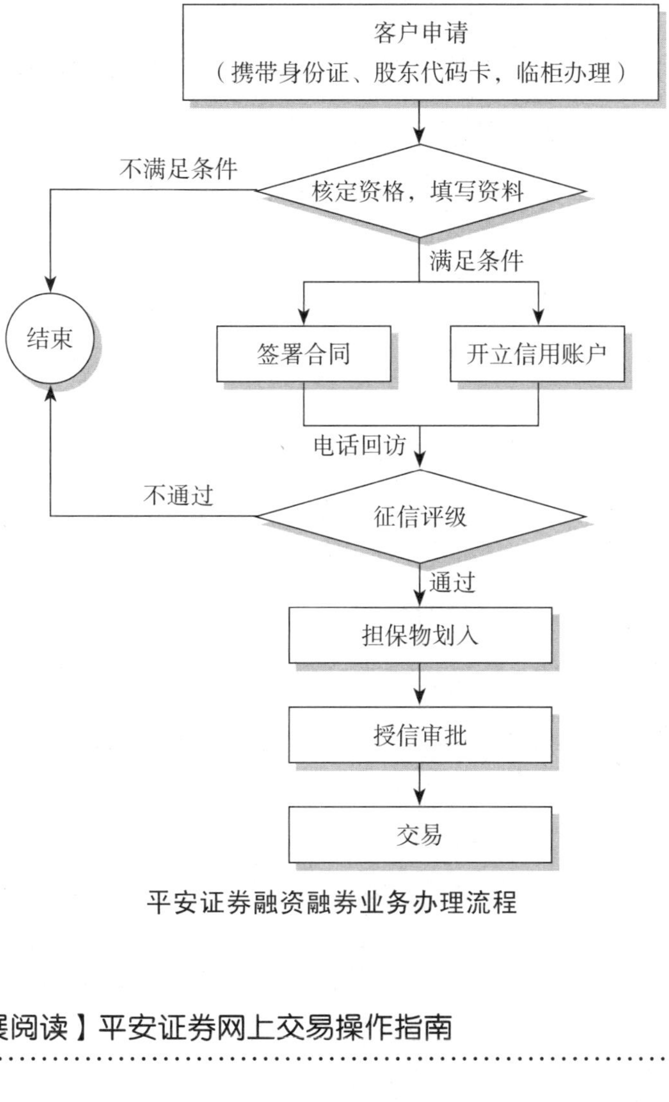

平安证券融资融券业务办理流程

【拓展阅读】平安证券网上交易操作指南

平安证券网上交易操作指南

1．账户登录

（1）通过平安证券官方网站（http：//stock.pingan.com/）下载网上交易

软件。

（2）登录方式选择“资金账号”，营业部选择“融资融券”，客户输入其信用资金账号及交易密码和验证码后，点击“登录”。

2. 划转担保品

（1）客户成功提交担保品（担保证券或资金）至信用账户之后方能进行融资融券交易。

（2）客户提交担保证券时，“信用股东”“其他股东”“对方席位”三项内容为系统默认，客户无须填写。

（3）客户担保证券转入、转出须符合以下规则：

①划入信用账户的担保证券须在公司规定的可充抵保证金证券范围之内；

②信用账户开立当天，深A担保证券可即时划转，沪A担保证券须T+1日方能划转；

③担保证券的划转须在交易时间进行，担保证券划转后T+1日到账；

④当日买入的证券划转时系统不提示可划转股数，需客户自行输入；

⑤当维持担保比例超过300%时，客户可提取其信用账户中的现金或可充抵保证金证券，但提取后维持担保比例不得低于300%（融券卖出所得资金不可转出）；

⑥客户信用账户中担保证券的成本价为划入信用账户当日的收盘价；

⑦信用账户资金划转需通过三方银证转账进行，目前可办理三方存管的银行有6家：中行、农行、工行、建行、招行、平安银行。

3. 普通交易

客户可在信用账户中通过“买入”和“卖出”两个菜单，用其自有资金和证券进行普通证券交易，但须注意：

（1）信用账户不得买入除公司公布的可充抵保证金证券及标的证券范围以外的证券。

（2）未开通创业板交易权限的深圳信用证券账户不能买卖创业板股份。

（3）如果客户普通买入（自有资金买入）和融资买入同一只股票，客户进行普通卖出时，只能卖出该股票的总市值减去融资负债部分的股数。

注意：买入按钮为红色标识，卖出按钮为绿色标识，客户须避免下单方向相反。

4．**融资交易**（融资买入、卖券还款、现金还款）

（1）客户融资买入的品种须在公司规定的标的证券范围之内。

（2）客户融资买入不能超过其可用融资授信额度。

（3）客户单笔融资合约不得超过6个月（180天）。

（4）客户可选择恰当的市场时机卖出信用账户内的证券，偿还其融资负债。

（5）客户如有自有资金，可通过“现金还款”的操作偿还融资负债。在此菜单内，客户可自行输入还款金额，也可点击“全部”偿还负债。

（6）非清算时间均可进行现金还款的操作（清算时间为18:00~24:00）。

注：客户了结融资合约的顺序根据合约开仓的时间依次归还。

5．**融券交易**（融券卖出、买券还券、现券还券）

（1）客户融券卖出的品种须在公司规定的标的证券及所提供的融券券源范围之内。

（2）客户融券卖出不能超过其可用融券授信额度。

（3）客户单笔融券合约不得超过6个月（180天）。

（4）未了结相关融券交易前，投资者融券卖出所得的价款只能用于买券还券。

（5）客户融券卖出后，可以通过买券还券或现券还券的方式偿还融券负债。

注：如果客户有多笔融券合约，且借入的为同一只股票，则客户了结融券合约的顺序会根据合约开仓时间依次归还。

6．**撤单**

（1）系统在可撤单的每条委托记录前均有个勾选框，客户勾选需撤单的委托之后点击“撤单”即可。

（2）由于有多种委托类型，客户在撤单时须注意“买卖标志”字段。

（3）担保证券的划转可在当日交易期间申请撤单。

7．**额度调整**

（1）在客户授信总额度不变的情况下，客户可自由分配融资或融券额度，原则是融资额度+融券额度=授信总额度。

（2）额度调整须在交易时间进行，调整后即时生效。

8. 查询

（1）查询功能包括：“信用资产查询”“资金股份”“当日委托”“当日成交”“历史成交”“资金流水”“成交汇总查询”“信用资产查询”“信用股份查询”“信用合约查询”“信用合约已平仓查询”“信用上限查询”“信用负债查询”等菜单，可以查询相关各项信息。

（2）“信用资产查询”中可以详细查询账户相关信息。

（3）“资金股份”的备注信息中，客户可以详细查到单只证券中其自有部分及融资买入部分的股份余额。

（4）“信用合约查询”中可以查询到客户每笔合约的开仓日期、合约金额、合约费用、已还数量、已还金额、已还利息等信息。

注：有些查询界面项目比较多，请拉伸界面左边或下边的滚动条，查看详尽信息。

9. 其他功能

（1）“其他”菜单中包括“股东列表”及“修改密码”功能。

（2）“股东列表”用于查询信用账户股东信息。

（3）“修改密码”用于修改信用账户交易密码（修改资金密码须客户携带身份证及股东卡到开户营业部临柜办理）。

第三节　平安资产管理

平安资产管理简介

平安资产管理是中国平安“保险、银行、投资”三大传统金融业务支柱中“投资支柱”的核心成员之一，前身为1997年成立的中国平安保险股份有限公司投资管理中心。

平安资产管理首页截图

业务范围

作为“平安战车”的进攻前锋，公司主要业务范围包括管理运用自有资金及保险资金、受托资产管理及相关咨询业务。

其投资领域涵盖资本市场及非资本市场等多个领域，具有长期成功的大额资产投资管理经验以及跨市场资产配置和全品种投资能力，是中国资本市场上最具规模与影响力的机构投资者之一。

平安资产管理在负责平安保险资金境内投资的同时，也为第三方提供资产管理及投资咨询服务。执掌着庞大资金，肩负着为客户创造财富增值的使命，面对日益开放和成熟的市场环境，平安资产管理致力于在最广大的空间内为客户捕捉投资机会、分散投资风险，提供一站式、全方位的资产管理服务，成为中国资本市场上最全面资产管理解决方案的提供者。

所获荣誉

平安资产管理赢得了诸多荣誉，如下图所示。

2009年

2009年以来连续入选“亚洲百强资产管理机构”，位列中国资产管理机构四强，非国有企业第一名

——国际著名金融杂志*Institutional Investor*（机构投资者）

2012年

2012年3A投资大奖“中国最佳资产管理机构”

——亚洲知名金融杂志*The Asset Magazine*（财资）

2013—2014年

蝉联“最佳保险资产管理机构”

——《证券时报》

2014年

2014年“最佳投资管理团队奖”

——中国保险保障基金

所获荣誉

相关链接》》

平安资管董事长万放：如何提升机构投资者的市场地位

在《第三届中国机构投资者峰会暨财富管理国际论坛》上，平安资产管理公司董事长万放表示，中国机构投资者发展速度缓慢，在A股市场占比逐年下降，散户化交易显著推高了股市的波动性。万放指出了中国机构投资者目前面临的困局：

一是中国养老金规模在资管市场中占比较低。

二是机构投资者的准入、投资范围和投资工具受限，产品线不够丰富。

三是机构投资者的合法权益保护不足。

他同时提出了三点建议：

一是加大法律环境的支持和维护。

二是监管部门应加大对机构投资者的支持和培育。

三是放开让现有的机构投资者设计更多养老产品，以使中国资本市场进入一个良性循环。

国外机构投资者的现状和趋势

万放表示，自2000年以来，全球财富管理市场持续扩大，机构投资者也快速发展，以共同基金、保险、养老金为代表的机构投资者管理财富超过50%。国外机构投资者的发展壮大得益于三个方面：

一是自然的生态演变。随着信息技术的演变，对投资者信息覆盖能力和处理能力提出了更高的要求，机构投资者有获取信息和处理信息的优势，可以在最短时间做出最佳决策，还能为客户提供各种各样不同的产品和投资工具。另外，机构投资者具有控制风险的能力，机构投资者的收益是风险控制下的收益，比个人投资者具有更大的优势。因此，从发展趋势看，个人投资者会更倾向于依赖机构投资者。

二是国家政策的引导。美国的401K在过去30年中快速崛起，成为美国养老体系和整个机构投资市场的中流砥柱，通过税收优惠，引导企业和个人把一部分财富转移到养老账户，又通过丰富投资选择，准许养老账户的钱购买合格的理财产品。养老金为美国资本市场带来了源源不断的长期资金，对美国资本市场长期健康发展起到了非常大的正面作用，形成了资本市场与养老金长期协同发展的良性互动。1970—2003年，美国机构投资者持股占比直线上升，现在，美国共同基金、养老金和保险持股占比已接近45%。

三是法律环境的完善。对受托人责任和义务的界限认定清晰，也促使机构投资者健康发展。万放表示，美国将投资者分为公众投资者和合格投资者，合格投资者又分合格个人投资者和合格机构投资者。因为公众投资者风险识别能力有限，只能买监管部门允许的一般投资人可以投资的产品；合格投资者可以根据现有法规扩大产品投资范围，对资格有一定的门槛要求；而合格机构投资者不仅做投资，同时还发产品，有很高的准入门槛，同时必须承担起主导市场的作用，必须遵循各方面的法律、法规。这就是审慎的管理原则。首先必须是合格的，其次要尽心尽责管理客户的资金。现在国内投资人投诉财富管理机构的现象时有发生，其中当然有一些投诉是由于某些金融机构存在不合规操作导致的，但也有一些投诉本身并无道理。如何判断是有道理还是没有道理呢？一个有用的标准就是审慎管理原则。如果是合格的机构投资者，又是本着审慎管理原则，只要对投资者有益，可以考虑逐步放开投资范围。有了法律的底线，既受到一定的监管，同时也受到一定的保护，机构投资者成长会比较快。

中国机构投资者的困局

万放表示，在股票市场，中国投资者结构自2008年以来出现显著变化，2006—2015年股市流通总市值增长了17倍，机构投资者管理资产增长了4.9倍，个人投资者的市值增长了10倍，法人投资者增长超过了20倍。专业机构投资者持股市值占比持续下降，到2015年第三季度，机构投资者在股市占比仅7%，个人为42%。而美国机构投资者持股市值占总市值的近50%，日本境内外机构投资者合计约占60%。

万放指出，中国机构投资者增长的速度远远低于总市值增长速度，机构投资者话语权越来越弱，散户化交易结构显著推高了股市的波动性，因此，A股波动性显著高于其他主要股指，韩国、中国台湾股市的历史经验显示，较低的机构交易占比往往对应着较高的股市波动性。

万放表示，在发达国家的资管市场中，养老年金都占据了非常重大的比例和重要位置，养老金成为机构投资者的三驾马车之一。相比境外成熟市场，我国养老金规模占比较低，从我国财富管理市场来看，近年来银行理财产品增长非常迅速，2015年银行理财产品规模达23.5万亿元，企业年金的增长速度却很慢，就算加上社保，养老金规模占比仍然较低。养老金发展受多方面制约，其中最重要的一个原因是，企业在缴纳第一支柱的成本非常高，接近40%，而且政府对企业缴纳年金的税收优惠不够，企业没有动力，第二支柱难成气候。另外，年金投资限制得很死，个人几乎没有选择权，一个30多岁的年轻人，年金投资股票占比只有30%，跟50岁的人一样保守，企业员工参与的意愿也不强。而机构投资者的准入、投资范围和投资工具受限，导致产品线不够丰富，适合于各年龄段的养老产品缺乏，因此，个人投资者倾向于自己解决养老问题，而不是放心交给机构。所以近年来，无论是年金还是保险增长，都低于个人财富的增长，多出来的财富增长部分，全部到了个人手上。为什么这么多个人投资，为什么那么多人买那些高收益风险大的理财产品？因为他老了要自己养自己。这样就形成了一个恶性循环。

在万放看来，中国机构投资者面临的另一个困境是，机构投资者的合法权益保护不足。以债券市场为例，近两年机构投资者沦为“弱势群体”，其合法权益被侵害的情况并不少见。

万放表示，平安资管作为中国最大的资产管理公司之一，管理了约2万亿元资产，有将近1万亿项信用品种，但现在依然有困惑。虽然出现债券违约是正常现象，但很大一部分违约是因为现行的政策和法律环境不到位。

第一，债券IPO在法律规定方面其实没有很好地保护投资者的利益。

第二，IPO之后的持续披露不够，等投资者发现公司被掏空，找他还债的时候，他说不好意思，我们清产了。

第三，处罚力度不够坚决、严厉，违约公司的CEO、CFO和大股东都要受到严厉的处罚，但我们现在没有。

所以，司法环境不完善的现状并不利于机构投资者快速发展，需要不断完善相应的法律环境。

三点建议

万放提出了三点建议：

第一，加大法律环境的支持和维护，建立一个良好的投资者、机构投资者的法律环境，对于违规的，无论是投资者还是机构投资者，都要加以严厉的处罚，但是，对于符合机构投资者的行为，做了审慎投资监管、审慎投资决策的，则要坚决予以保护。

第二，监管部门应加大对机构投资者的支持和培育，通过税收优惠和制度设计等，让机构投资者无论在数量方面还是质量方面都有比较大的提升。

第三，应该放开让现有的机构投资者设计更多养老产品，以满足广大个人投资者养老的需求，吸收社会资金长期投资，为投资者创造长期稳定的收益，使中国资本市场进入一个良性的循环。

第四节　平安资产管理（香港）

公司简介

中国平安资产管理（香港）有限公司［简称“平安资产管理（香港）”］成立于2006年5月，是一家立足香港的中国领先资产管理公司。它是中国平安旗下全资子公司，为负责集团海外投资管理业务的主要实体。

平安资产管理（香港）持有香港证监会（SFC）颁发的第9类和第4类牌照，分别获准管理资产及提供证券的投资咨询服务。

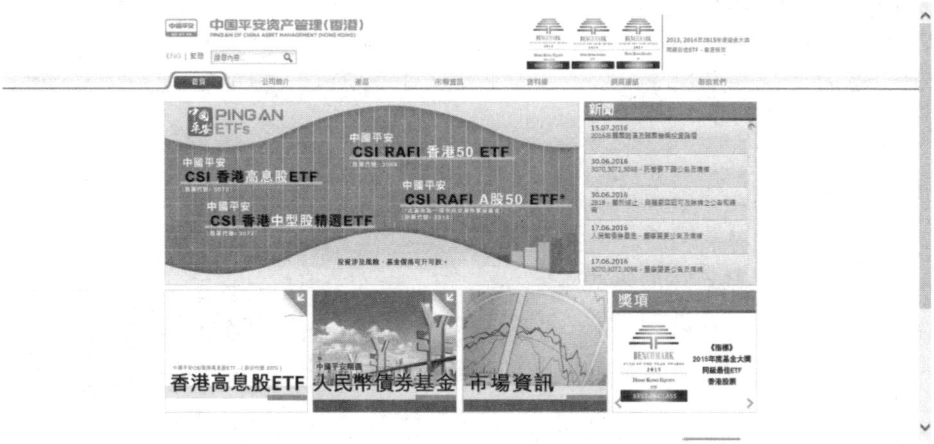

平安资产管理（香港）首页截图

业务范围

平安资产管理（香港）接受的投资委托来自私人客户及机构客户等各类团体，其中包括平安集团内外客户，同时，管理在港交所上市的交易所买卖基金（ETF），以及零售市场的单位信托基金。此外，香港平安资产亦为机构提供合格境内机构投资者（QDII）及合格境外机构投资者（QFII）/人民币合格境外机构投资者（RQFII）咨询服务。

投资理念

我们深信，由于市场的效率并非完美，因此可透过积极型投资管理在中国香港市场缔造超越市场表现的额外投资回报机会，而中国香港市场的独特结构令本地和环球宏观分析成为争取回报的一个关键因素。

其投资理念包括四个要点，如下图所示。

投资理念

- 量化分析提供一种规律的投资方法，并对规模庞大的数据进行持续分析
- 深度股票分析识别有潜力的投资机会（特别是在中型及小型公司）
- 宏观角度于股票层面取得最佳体现
- 强大合作团队使研究资源有效地运用，缔造潜在正回报

投资理念

相关链接》》

2016年韩国路演及韩国机构投资论坛

2016年6月22～24日，韩国首尔。

平安资产管理（香港）国际业务发展团队于2016年6月22～24日在韩国首尔进行了为期3天的路演，包括与一些顶尖金融机构，如当地主权财富基金及一线资产管理公司会面；并于6月23日参与由亚洲投资者（AsianInvestor）举办的第十届韩国机构投资论坛。此次路演的主要目的是推广平安资产管理（香港）的投资

策略及即将推出的中国健康护理基金。

由平安资产管理（香港）及其他3家公司共同赞助的第十届韩国机构投资论坛于6月23日圆满举行，吸引逾250名资深的机构投资者参加。论坛期间，国际业务发展团队积极向当地顶级金融机构推广平安资产管理（香港），并与多家潜在合作伙伴建立良好关系。

在上午的圆桌会议上，平安资产管理（香港）首席执行官张鹏先生发表了以“随着中国经济转型所获得的投资机会”为题的演说。张鹏先生分享了对外资进入中国内地资本市场的近期发展和对中国市场的展望，并特别指出两个看好的板块为消费和健康护理，在场反应良好。

……

第五节　平安大华

平安大华简介

平安大华基金管理有限公司（以下简称“平安大华”）作为中国平安旗下成员，是中国平安“保险、银行、投资”综合金融业务架构中的关键一环，也是中国平安投资系列业务的重要组成部分。

平安大华总部位于深圳，注册资本金为3亿元人民币，是目前中国内地基金业注册资本金最高的基金公司。其中，中国平安控股子公司平安信托有限责任公司持有60.7%的股份，新加坡大华资产管理有限公司持有25%的股份，三亚盈湾旅业有限公司持有14.3%的股份。

平安大华首页截图

平安大华的公司架构

平安大华的公司架构如下图所示。

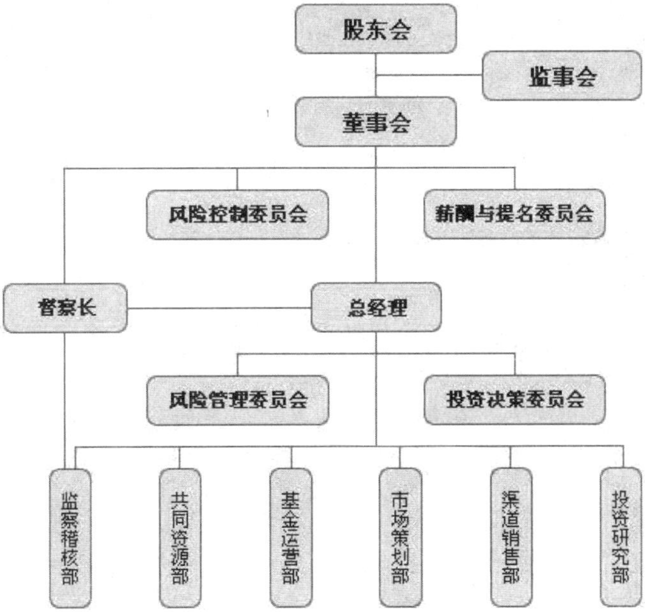

平安大华的公司架构

花生理财

花生理财是平安大华旗下的针对个人的理财业务，其主打产品为花生宝。

花生宝是一个理财的基础账户，把钱存进花生宝，就相当于购买了平安大华日增利货币。

其特点是：免费开户，1分起存，收益远超活期。T+0快速取现，随存随取，方便快捷。

花生理财首页截图

相关链接 》》

平安大华汇通财富荣获“新三板最佳投资机构”

2016年6月8日，由证券时报、中国风险投资研究院和中国上市公司研究院联合主办的新三板投资峰会暨证券时报首届新三板百强榜发布活动在深圳举行，平安大华基金管理有限公司旗下全资控股子公司深圳平安大华汇通财富管理有限公司（以下简称“汇通财富”）凭借其在新三板投资领域杰出的表现夺得证券时报首届新三板百强榜“新三板最佳投资机构”奖项。

作为新三板业内极具专业性和影响力的论坛品牌，本次峰会邀请了市场各方参与主体共聚一堂。会上围绕“新三板企业数量持续增长，如何找到有投资价值的企业”这一难题进行了探讨。主办方表示，证券时报新三板百强榜通过多个指标考核，旨在挖掘新三板优秀企业，传播价值投资理念，汇通财富此次获“新三板最佳投资机构”奖项当属实至名归。

汇通财富相关负责人表示，作为平安大华基金子公司，汇通财富针对市场需求不断创新，产品线不断丰富。截至2016年，各类专户产品累计发行超2000只，产品类型涉及QDLP产品、信用卡资产证券化产品、收益互换配资产品、海外上市公司私有化产品、场外期权收益挂钩产品、供应链金融产品、新三板资管产品、资产证券化产品等多种模式，在资产创设、产品结构和海外投资等领域不断进行创新，成长为拥有丰富产品线的全能资产管理公司。

值得一提的是，在快速发展的过程中，风控合规依然是汇通财富关注的重中之重。据悉，汇通财富拥有经验丰富的风控合规团队，从项目立项阶段到产品进入运作管理，风控合规团队全程介入，从根源上降低投资风险。在严谨有效的监管措施下，汇通财富已经有超过1500只产品完成运作清算。

对于汇通财富来说，“新三板最佳投资机构”只是一个起点。上述负责人表示，汇通财富将继续秉承专业与创新的精神，努力为投资者创造更多价值。

相关链接》》》

平安大华孙健：风险和收益的平衡之道

投资是一场修行，平安大华投资总监孙健在固定收益投资的修行道路上走了十五载，在他看来，投资就是在风险和收益中求平衡，依时依势而变。

债券市场过去是“上有天花板，下有底”，但孙健提醒投资者，目前信用风险频出，价格的“底部”被逐渐打破。他表示，潜在经济增速放缓、传统行业转型艰难、信用风险爆发将成为正常的市场行为，信用风险波动也将成为影响债券收益的主要因素。近两年信用风险个案频发，未来债务负担重，现金流缺失，违约个案可能增加。

“一旦发生信用风险，将会对投资组合影响很大，投资亏损的风险会增加。”孙健指出，虽然债券市场往往有“羊群效应”，但是更重要的是看得准和守得住，这就要求：第一，方向不能错；第二，正确的策略要坚持。而速度是建立在确定性的基础上的，应根据判断的概率大小做策略布局，不能一味求快。

孙健认为，作为一个基金经理，要学会摆脱市场排名和市场情绪的干扰，把投资心态放在一个平和的位置，才能更好地控制风险。“控制下行风险的关键在于风险管理的理念和标准，由于经历过市场的教育，目前我们更多的是追求产品业绩长期稳健增长，不贪求短期爆发性增长。”

……

第七章
中国平安互联网金融

导言：

平安互联网金融业务将持续深化“一扇门、两个聚焦、四个市场”战略体系建设，通过“线上获客、线下迁徙”推动互联网金融用户与传统金融客户相互转化。围绕“医、食、住、行、玩”等生活场景，建立领先的互联网金融产品及服务平台，让平安的用户在丰富的金融、生活环境中享受一站式的高质量服务。

第一节 陆金所

陆金所简介

陆金所，全称为“上海陆家嘴国际金融资产交易市场股份有限公司”，是全球最大的互联网财富管理平台，中国平安旗下成员，2011年9月在上海注册成立，注册资本金为8.37亿元，位于国际金融中心上海陆家嘴。

陆金所首页截图

陆金所旗下的lu.com网络投融资平台（www.lu.com，原域名www.lufax.com）于2012年3月正式上线运营。作为中国平安集团倾力打造的平台，lu.com结合全球金融发展与互联网技术创新，在健全的风险管控体系基础上，为中小企业及个人客户提供专业、可信赖的投融资服务，帮助它们实现便捷高效的低成本融资和财富增值。

业务范围

陆金所致力于结合金融全球化发展与信息技术创新，以健全的风险管控体系为基础，为广大机构、企业与合格投资者等提供专业、高效、安全的综合性金融资产交易信息及咨询等相关服务。

陆金所的业务范围如下图所示。

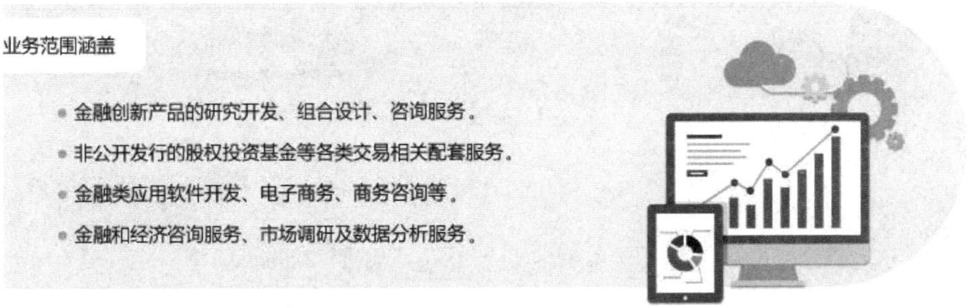

陆金所的业务范围

陆金所注册

在陆金所注册并进行实名验证有五个步骤：

注册入口（三种路径）

（1）登录www.lu.com，进入陆金所首页，点击陆金所首页左上方的“注册”，进入注册页面。

（2）登录www.lu.com，进入陆金所首页，点击陆金所首页右边的“免费注册”，进入注册页面。

在陆金所首页注册

（3）登录www.lu.com，进入陆金所首页，点击陆金所首页左上方的“登录”，进入登录页面，点击“免费注册”，进入注册页面。

陆金所登录页面截图

阅读《陆金所网站声明》和《陆金所服务协议（个人会员版）》

进入注册页面，点击并查看《陆金所网站声明》和《陆金所服务协议（个人会员版）》。

设置登录信息

如果同意协议，在注册页面相应位置填写用户名、登录密码、手机号码，输入验证码，并勾选“我已阅读并同意《陆金所网站声明》和《陆金所服务协议（个人会员版）》”，点击“同意并注册”。

验证手机号码

在注册页面点击“同意并注册”后，页面弹出验证手机号码窗口，获取短信验证码并在有效期内输入正确数字，最后点击“确认”，注册成功。

实名认证

注册成功之后根据要求提交真实姓名及证件号码，点击“认证”后，实名认证成功。

【拓展阅读】陆金所所获荣誉

陆金所所获荣誉

2012年12月陆金所当选上海市经信委牵头成立的上海网络信贷服务业企业联盟秘书长单位。

2013年8月陆金所获得中国互联网协会企业信用评价中心进行统一评价的AAA级认证，AAA级为企业信用评级的最高级，陆金所是获得此最高评级的首家互联网投融资平台。

2013年8月陆金所担任中国互联网金融工作委员会副主任委员单位。

2013年11月陆金所荣获由杭州都市快报主办的2013年互联网金融高峰论坛最佳网络投资平台奖。

2013年11月陆金所获得经济观察报评选的中国卓越新锐金融机构奖。

2013年11月陆金所董事长计葵生荣获“2013年中国互联网金融十大领军人物”称号。

2013年11月陆金所获得第一财经金融价值排行榜评选出的“最佳金融创新企业”。

2014年1月陆金所荣获《东方早报》评选的2013年度最具创新力第三方理财机构奖。

2014年8月陆金所成为“上海市创新型新兴服务业示范企业提名企业”。

2014年9月陆金所公司董事长计葵生荣获中国政府为表彰在中国现代化建设和改革开放事业中做出突出贡献的外国专家而设立的最高奖项友谊奖，并在人民大会堂再次得到国务院总理李克强的亲切接见。

2014年10月陆金所在由中国社科院金融研究所、新华社联合发布的首批P2P网贷平台评级中成为唯一一家获评最高级别AAA级的平台。

2014年11月陆金所荣获由上海市政府颁发的中国金融创新榜创新机构年度奖——年度创新网络投融资平台。

2015年1月陆金所稳盈-安e荣获上海市政府颁发的金融创新奖。

2015年8月陆金所当选上海市互联网金融行业协会副会长单位。

2015年11月陆金所推出的跨境系列产品获得《上海证券报》“金互联创新产品”称号。

2015年12月陆金所获得《每日经济新闻》2015金鼎奖年度最佳风控理财平台奖。

2016年3月陆金所当选中国互联网金融协会第一任常务理事。

相关链接》》

“百万任我行”登陆陆金所 平安人寿、陆金所联手打造互联网保险销售平台

2016年3月16日，平安人寿宣布旗下明星产品“百万任我行”正式登陆陆金所，即日起用户可通过陆金所网站保险频道在线购买，陆金所APP也将在4月上线该产品，同时，原有的平安人寿APP渠道仍保留购买入口。“百万任我行”是平安人寿首款APP渠道保险产品，该次成功跨平台销售标志着平安人寿迈出了与第三方平台合作的第一步，发力互联网保险业务。

据介绍，平安人寿“百万任我行”是一款提供自驾车意外、航空意外、公共交通意外及普通意外等出行意外保障的产品，具有满期增值返本、高保额、低保费的特点。该产品提供的自驾车意外、航空意外、公共交通意外3种保障均高达100万元，满期还可以返还全部已交保费并额外获得20%的增值收益，等同于用利

息买保险。

以30岁男性客户为例，每年交保费1472元，交10年，一共交纳不到15000元，就可以获得未来30年自驾车、航空、公共交通3个100万元的意外出行保障。该产品针对经常出行的有车一族设计，定位精准，保险责任易于理解，投保流程简单，只需回答3个问题即可完成核保，适合在互联网渠道销售。

平安人寿表示，将陆金所作为主要的互联网销售渠道，是保险业务在互联网领域拓展的第一步。未来平安人寿将在陆金所平台上搭建产品货架，为客户提供意外、重疾、医疗、教育、养老等丰富的保险产品。

据相关负责人介绍，目前平安人寿APP已为3500万名客户提供围绕“医、食、住、行、玩、财”生态圈的一揽子服务：移动平台“平安有约健康行”活动，通过行走计步、朋友圈等功能引导客户养成运动习惯，客户活动参与量达2500万人次；1400多万名用户体验到以专属家庭医生服务为核心的健康管理服务……移动互联技术之于寿险行业的广泛使用，大大增加了平安人寿与客户的互动频次，也为寿险客户带来不一样的新生活体验。

年报显示，2015年，陆金所推进平台化转型战略，面向所有金融机构、企业及个人客户，以互联网为媒介连接供需两端，致力为大众的财富增值。截至2015年年底，陆金所平台累计注册用户数达1831万人，较年初增长257.6%，成为首个突破千万用户的专业互联网金融交易信息服务平台；活跃投资用户数363万人，较年初增长近10倍。

第二节　万里通

万里通简介

万里通是中国平安集团成员之一，创立于2008年，是中国首家通用积分平台，是目前国内覆盖面最广的积分体系。

万里通致力于打破积分消费的壁垒，让用户积分聚少成多，轻松实现“积分不浪费、积分当钱花”的消费体验。

万里通首页截图

积分用途

万里通的积分主要有五个方面的用途，如下图所示。

支持90%的主流电商花积分	淘宝、天猫、京东、1号店、唯品会等
支持兑换全国50万家线下商户商品	星巴克、麦当劳、哈根达斯、全家、大众点评等
支持积分换出	中国国航、南航、携程、天猫、支付宝集分宝、京东京豆、芒果网等
支持积分兑换金融产品	保险、投资理财、黄金珠宝、贷款等
其他	充话费、充油卡、兑换精美礼品等

万里通的积分用途

会员注册

万里通的注册非常简单，通常只需要三个步骤，如下图所示。

万里通注册步骤

第三节　前海征信

前海征信简介

深圳前海征信中心股份有限公司（简称“前海征信”）是中国平安旗下全资子公司，于2013年8月在深圳前海深港合作区注册成立，公司股东为深圳平安金融科技咨询有限公司和深圳市平安置业投资有限公司。

前海征信首页截图

前海征信的优势

前海征信致力于探索多样化和创新性的数据采集、存储、处理与分析方式，有着自身独有的优势，如下图所示。

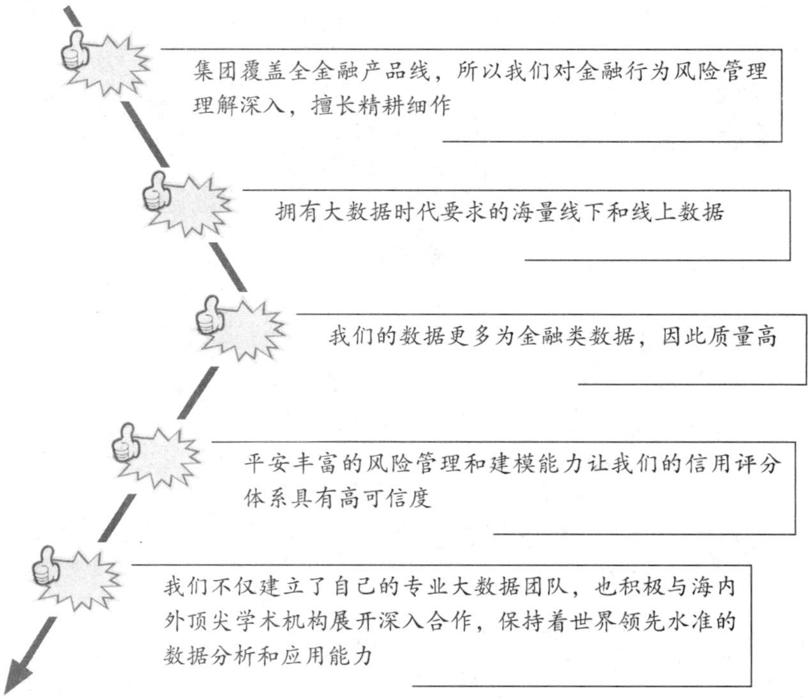

前海征信的优势

前海征信的产品

前海征信主要有三大类产品，如下图所示。

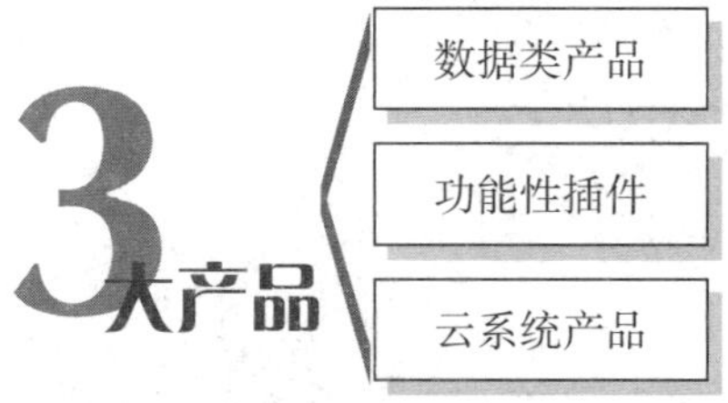

前海征信的三大产品

数据类产品

数据类产品可以分为行业类产品和通用类产品，如下图所示。

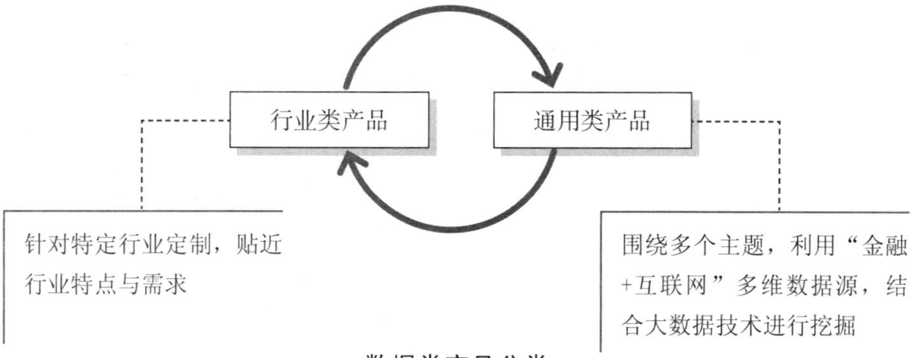

数据类产品分类

云系统产品

云系统产品使用生物识别、图像处理等先进的人工智能技术，打破线上、线下的边界，极大地提升用户体验及效率。

云系统产品主要有四种，如下图所示。

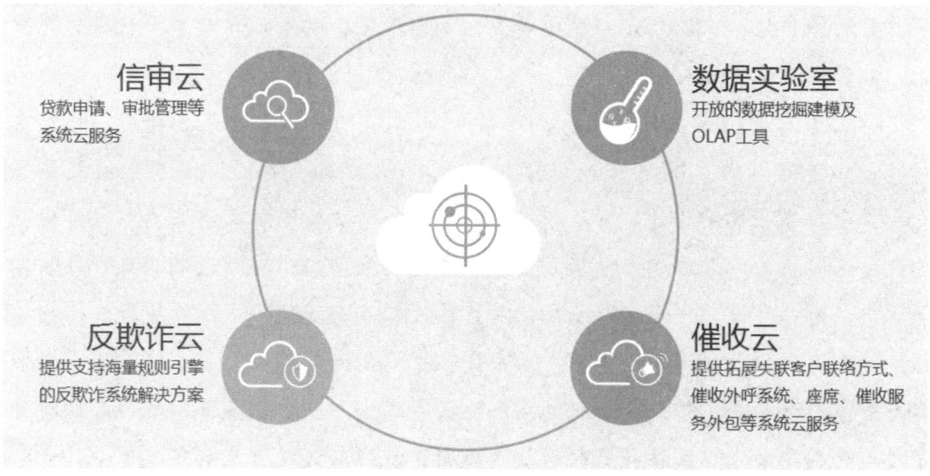

云系统产品

功能性插件

功能性插件通过线上、线下的有机结合，中后台全流程的系统平台支持与外包服务，降低开发与运营成本。

相关链接 》》

前海征信总经理邱寒：普惠金融的基础是建立全面信用档案

2016年7月18日，G20峰会召开前夕，GPFI（Global Partnership for Financial Inclusion，即“全球普惠金融合作伙伴机构”）论坛在成都举办，深圳前海征信中心股份有限公司总经理邱寒受邀出席，就大数据征信如何推动中国普惠金融的发展发表演讲。

GPFI是纳入二十国集团（G20）框架下专门研究和推进普惠金融发展的组织，中国人民银行是执行机构的会员之一。此次GPFI论坛在成都举办，邀请了中国人民银行征信中心副主任王晓蕾女士、前海征信总经理邱寒女士、美国财政部债务与发展研究办公室主任John Hurley先生、美国德州农工大学经济学教授及国家经济研究局研究员Li Gan Clifford Taylor Jr. 先生，以及澳大利亚金融安全管理局首席运营官Gavin McCosker先生等业内知名人士，共同探讨数字时代普惠金融的基础设施建设与发展。

作为第三方征信机构的代表，邱寒女士在GPFI论坛上发表了题为“普惠金融，征信先行”的主题演讲。目前，我国仅有10%的成年人从正规渠道获得贷款，低于世界平均水平（12%）。《中国普惠金融发展进程及实证研究》指出，为大量未被覆盖的人群建立信用档案，是普惠金融基础设施建设的重点。邱寒在演讲中谈道：“目前中国金融基础设施建设面临两大挑战，一个是中国现有的征信系统覆盖率仅为38%，大量用户无法获取相关金融服务；另一个就是普惠金融客群分散、金额小，传统金融机构网点运营成本高，需要更高效、低成本的运营手段。而利用大数据征信和互联网技术革新，就能有效提升人群覆盖率，并为远程金融服务带来机遇。”

针对国际各国监管层面与创新金融技术之间的配合，邱寒女士表示：“作为独立第三方商业征信机构，前海征信面向广大个人和机构提供独立、专业的征信服务。我们在服务客户的同时，给予客户足够的透明度，让客户清楚地了解我们如何搜集信息、验证信息以及保护信息，这一点至关重要。”中国人民银行征信中心副主任王晓蕾女士及美国财政部债务与发展研究办公室主任John Hurley先生对此表示赞同。王晓蕾女士重点提及，技术是实现普惠金融的关键所在。而John Hurley先生则表示：“面对发展带来的不确定性，金融知识的普及与金融活动的透明度将发挥至关重要的作用。”

前海征信是国内首批获得央行个人征信业务筹建资质的第三方商业征信机构之一，自2015年1月获得筹建资质以来，前海征信积极研发征信产品、提升征信服务，目前，已建立起全面的产品体系，包括反欺诈、信用风险和数据开放平台三大类产品，提供覆盖贷前、贷中、贷后全流程的线上解决方案，数据覆盖近1500家P2P、小贷、消费金融等信贷机构的借贷行为信息，成为人行征信的有力补充，能有效地促进普惠金融的发展。

2016年的G20峰会主题为“构建创新、活力、联动、包容的世界经济”。作为参会机构，借助G20峰会首次在中国举办的良好契机，前海征信希望与众多参会机构一起推动普惠金融的创新发展。

第四节　平安众筹

平安众筹

2015年3月31日，深圳前海普惠众筹交易股份有限公司（以下简称“平安众筹”“平安众+”）在深圳前海注册成立，是中国平安的子公司。

平安众筹（www.zhong.com）是中国平安旗下的众筹交易平台，是平安集团互联网金融产业链的重要组成部分。平安众筹平台专注于提供优质的众筹服务，致力于搭建融资者与投资者之间高效的合作通道。

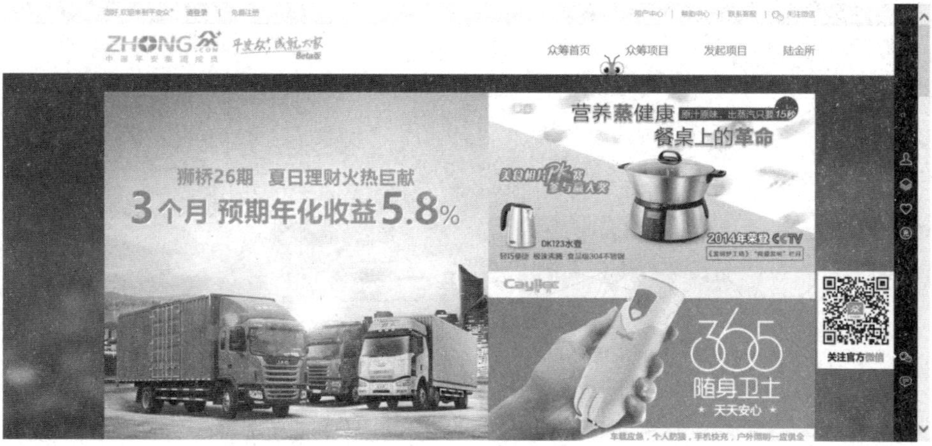

平安众筹首页截图

平台业务模式

平安众筹平台的业务模式包括四类：非公开股权融资产品、公司债众筹产品、特色金融众筹产品和非金融众筹产品。

特色金融众筹产品专注于特定的金融细分行业，为投资者带来房地产、汽车和保险等平安深耕领域的优质项目。

非金融众筹产品主要包括公益众筹产品和实物众筹产品。

对于非公开股权融资产品和公司债众筹产品，平台设置了一定的认证条件，普通投资者需经平台认证方可成为合格投资者。

对于非公开股权融资产品和公司债众筹产品，平台主要采取以下两种模式：

领投—跟投模式

领投—跟投模式，即在项目过程中由具有丰富经验的专业投资人作为领投人，合格投资者选择跟随领投人组成联合投资体，共同向领投人发掘出来的项目进行投资。领投人负责发掘项目、投后管理等相关事宜，并得到相应回报。

项目推荐人模式

该模式下，投资项目主要来自证券公司、投资公司，以及具有多年投资经验、行业经验（包括但不限于保荐代表人、会计师和律师）的个人推荐。项目推荐人通过平台发布项目信息，但并不会参与投资及投后管理。

与领投—跟投模式不同，项目推荐人模式下并没有专业投资人充当投资顾问的角色，是否进行投资以及相应的投后管理均需合格投资者自行判断决策，因此该模式比较适合具有较高专业判断能力及风险承受能力的合格投资者。

平安众筹平台产品

平安众筹平台的产品大体归为三类：股权众筹产品、债权类众筹产品、公益或实物众筹产品。

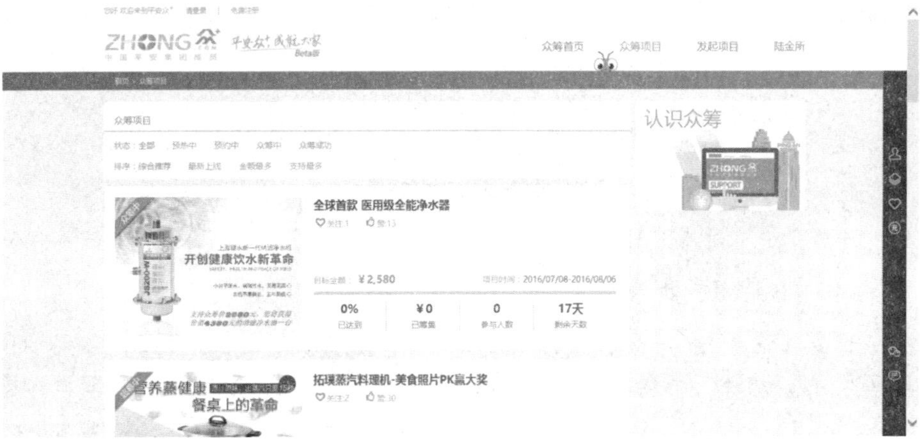

平安众筹的众筹项目

平安众筹平台注册

平安众筹平台注册非常简单，只要提供相应信息便可以成功注册，如下图所示。

平安众筹平台注册

相关链接

“平安众+”首度解析平台股权众筹发展策略

股权众筹尚未落地，但仍将成为未来业务核心

作为平安集团旗下的众筹交易平台，“平安众+”在股权众筹方面的态度和进展成为大家期待和关注的焦点。

正如前文所述，在政策文件对股权众筹做明确限定之后，证监会表示对通过互联网开展股权融资中介活动的机构进行专项检查。按照这些文件，股权众筹仅指“公募股权众筹”，而目前大多数平台的模式也将被排除在股权众筹范围之外。一时业内恐慌不断，纷纷猜测，股权众筹何时才能破局模糊不定。

但是内参发现，“平安众+”此次仍未涉及股权众筹产品。

根据媒体流出的消息，早在6月份，第一批获得公募股权众筹试点资质的平台便已确定，京东金融的“东家”、平安集团旗下的“前海众筹”、蚂蚁金服的“蚂蚁达客”3家可以率先拿到“准生证”。但在采访中，“平安众+”工作人员澄清了上述传言，表示证监会并未做正式发文，目前，也没有任何一家机构拿到公募股权众筹的牌照。

显然，牌照成为股权众筹落地的一大屏障，没有这张“准生证”，股权众筹的“降生”就无资质。

然而，除却牌照门槛，市场是否已经做好准备迎接股权众筹仍存在疑问。

面对发问，王啸表示，股权众筹落地困难原因主要有两方面。一方面，除了牌照之外，监管细则也未明确，落地存在法律风险。他表示，股权众筹既已纳入监管体系，正式落地就要等待具体操作细则的出台，没有细则，从遵守法律的角度来说就不能贸然行动。另一方面，行业探索尚不成熟，落地存在安全风险。王啸指出，从发展角度来看，中国的股权众筹已经走在了世界的前列，没有可以模仿的经验和案例，因此，各种商业模式、业务形态、风险控制系统都处于摸索阶段，只有这些商业元素明朗之后，落地才能Hold住风险。

显然，股权众筹的发展和未来仍迷雾重重，无论是顶层设计还是市场发展，都需要更明确、更细化的规则。而尽管如此，作为平安产业链金融的重要环节，王啸对于“平安众+”将来落实股权众筹表现出了乐观的期待。

王啸认为，对于股权众筹的真正落实来说，“不管是1个月还是3个月，时间问题对于行业发展来说倒不是很重要”。他表示，经历了6月份的股灾，互联网金融的发展虽被敲响了警钟，也同时迎来了发展的契机；与此同时，监管立法的到来，会暂缓甚至告别互联网金融野蛮生长的步伐，将其放入一个良性发展的轨道上。他强调，越是经济低迷时期，越是需要通过改革和创新来提振经济，股权众筹就是一种创新，需要耐心和恒心来坚持。

在专访中，王啸反复声明，虽然此次并未涉及股权众筹，但其未来核心业务点仍将以股权众筹为主。

显然，“平安众+”没有众望所归，突破股权众筹落地的障碍，不免让业内对股权众筹的落地问题心生疑虑。但正如王啸所说，时间或许不是问题，真正解除落地的政策疑问和技术屏障，确保落地后的健康长久发展才是更值得关注和探索的。

与此同时，我们也注意到，在此阶段上线公测的“平安众+”依然带来了些许惊喜，并试图在产品上有所突破。

现有产品力求突破

具体来看，目前，“平安众+”的产品主要包含非公开股权融资产品、公司债众筹产品、特色金融众筹产品和非金融众筹产品四类。对于非公开股权融资产品和公司债众筹产品，平台设置了一定的认证条件，普通投资者需经平台认证方可成为投资者，而针对非公开股权融资产品和公司债众筹产品，平台选取了目前大多数众筹平台的运营模式，即领投+跟投模式。

其中一些创新特色项目引起了大家的关注。如政府和社会资本合作的PPP模式，虽然近年受到国务院和财政部的大力推广，但该模式的众筹项目此次还是首次发布，此次推出的“支持城市轨道交通建设”项目无疑可以让更多普通市民有机会参与到城市建设中。

再如，对融资租赁众筹的尝试。对于普通投资者而言，这类租赁项目跟其他众筹项目的最大区别莫过于前者对应了具体的标的资产，即便项目失败，也会有资产作为偿还保障。

除此之外，“平安众+”丰富多样的项目类型似乎都在力图突破现有产品类型。采访中，王啸也表示，所有这些创新和产品，都是为了摸索出一个促进直接融资的方式，出发点是为了去掉中间环节和加价环节，让底层资产直接对接投资项目。

当然，有创新，就会有困境。如何摆脱中间环节和重重链条、如何解决信用评级问题、如何评估风险、如何培养普通百姓的投资意愿和投资习惯，无疑需要“平安众+”和更多的企业来探索。

回应质疑，仍将探索纯线上技术模式

上线后的“平安众+”吸引的关注不仅仅表现在股权众筹的探索上，显然，用户对这个“壕二代”的期许远不止这些。期许之余便有了大量的质疑和吐槽，其中不乏技术方面的硬伤，例如用户体验差、使用不流畅等。

对此，王啸首次承认平台目前阶段存在的不成熟问题并做正面回应。

在王啸看来，公测阶段的“平安众+”所遭受的吐槽和质疑，多缘于他们在做一项新的技术探索，即他们在尝试摒弃现有的纯手工操作方式，从而打造纯线上的操作模式和操作系统。这种技术设计不仅无法从平安集团内部寻找借鉴，也无法从外部和市场找到参照。但是，这种纯线上的操作模式是“平安众+”从一而终的坚持，也是众筹行业的未来。

王啸指出，当前市场上活跃的众筹产品类型，比如众筹餐馆、众筹咖啡厅等，有90%的项目并未采取纯线上的操作模式，而是纯手工操作，这种手工操作用户体验流畅，但却不利于大规模项目的运作。他认为，这并非是“平安众+”的路径，他们希望一开始便摸索出纯线上的技术模式和系统，因此现阶段技术上的bug和问题无法寻求外界帮助。

与此同时，他表示，虽然“平安众+”依托平安集团，并试图借鉴陆金所和整个P2P的相关技术，但在实施中却发现，由于现在所做的众筹与P2P无论是在交易模式上，还是在交易管理上都明显不同，过去的技术经验无法复制参照，尤其考虑到股权的部分，技术设计均需重新开始，因此无法从平安已有链条中找到支持。

因此，在王啸看来，这样既无外部经验借鉴，又无内部案例共享的探索，存在bug和不足无法避免，但都将在磨合的过程中得到改进。他表示，坦然接受用户的批评和吐槽，并称，在众筹法律细则还未落定、股权众筹尚未成型之时，技术和业务都会谨慎前行，力图降低风险，目前“平安众+”已经做好准备，会集中精力做好基础建设。

抱团取暖优于各自为政

在政策日渐明朗的形势下，众筹项目和众筹公司越来越多样。但是，不可否认的是，众筹行业的发展仍未突破萌芽期，不仅行业格局尚未形成，竞争壁垒也在迅速提升，尤其是对于股权众筹的未来发展来说，在市场还不成熟的情形之下，抱团取暖似乎比各自为政更有效。对此，王啸也证实了这一观点，并称，包括已经公开的合作伙伴，“平安众+”在谈的合作已有40多家，已形成战略合作关系的也已达20多家。

王啸表示，众筹现阶段的发展有许多疑点和难点，与其盲目争抢蛋糕，不如一起先把蛋糕做大，共同解决行业难题，从发展角度来说，现阶段的合作也有利于规范市场，避免“劣币驱逐良币”的乱局出现。他希望，通过与其他众筹公司和相关企业的联盟，形成行业自律体系，既避免浪费资源，也防止乱象丛生。

经内参整理发现，截至目前，“平安众+”已公开宣布与多家平台达成战略合作。8月31日，“平安众+”与天使客达成战略合作，共同为互联网非公开股权融资领域合作以及未来公募股权众筹的落地带来想象空间；9月份，“平安众+”与智金汇宣布合作，共同谋求打通互联网非公开股权融资和公募股权众筹发展路径；9月底，“平安众+”携手众众投，试图打开股权众筹发展新局面……

虽然王啸对于其所透露的20和40的数据并无详列，但无疑，合作的步伐已经迈开，正如王啸所说，“合作还会继续扩大，目的就是寻求合力把众筹行业做大做全”。这是他的期许，也是业界的期许。

“壕二代”也有忧虑

纵然有平安集团的撑腰，也有兄弟陆金所的光芒映照，但被戏称为“壕二代”的“平安众+”似乎并不轻松。正如前文所说，公测阶段的“平安众+”遭到大量的质疑和吐槽，也背负更多的压力和期待。

对于技术难题，王啸强调，虽然存在挑战，但他信心满满。

对于股权众筹，王啸表示，他们在静待时机，但前途乐观。

最后，他表示，他坦然接受“壕二代”的称呼和其背后的期许与质疑，他们已经做好准备，也会更加痛苦。但他也提醒用户，应遵循金融的规律，纵然有平安的品牌担保，但是过分的利益期待也是不合规律的。“平安会通过自己的形式审核，来合理地保证信息披露的相对完整准确，但是，买和卖之间是高度自律的，我们不希望中间的担保环节承载过多。”

……

第五节　平安好房网

平安好房网简介

平安好房网（pinganfang.com）是平安好房（上海）电子商务有限公司创建的中国最大房地产电子商务网站。作为中国平安集团旗下重要成员之一，依托于中国平安强大的保险、银行、投资等综合金融业务支柱，平安好房网致力于将金融与互联网融入房地产全产业链之中，推出全新的互联网金融房产营销模式。

平安好房网首页截图

平安好房网的特点

平安好房网提倡的“脱媒化”营销模式创房地产租售模式先河。通过房产租售流程互联网化——减少中间环节、降低交易成本、过滤虚假房源信息等，让房产交易变得更快捷、更透明，价格更低。

平安好房网的产品

平安好房网推出的“好房宝”系列产品，跨越了“互联网+房地产+金融”三大领域。用金融助力消费者买房，让购房者独享“存款高利息”与“购房高折扣”的双重优惠，更提供优先选房、优先贷款等多项增值服务。

平安好房网通过网站平台、移动入口及各专业频道提供新房、二手房、海外房产、租房、好房金融等专业服务，并有在线购房、在线租房、在线竞价、在线金融、在线管家等多项全新的服务功能，能满足房地产用户的不同需求。

相关链接 》》

平安好房推出全国首个“农民工购房节”

2016年2月23日，平安集团旗下房地产电商——平安好房正式启动全国首个“农民工购房节”。活动期间，全国范围内有100个精选楼盘将推出特价折扣，平安好房还将拿出1亿元购房补贴，同时为购房农民工提供至少10亿元规模的金融贷款支持。

购房折扣1亿元补贴、10亿元规模贷款支持

数据显示，目前全国农民工总数已达到3亿人，外出农民工月收入2014年为2864元。到2020年，常住人口城镇化率将达60%左右，将实现1亿个农业转移人口和其他常住人口在城镇落户，在城镇安家必然是他们未来的归宿。“为城市建造了千万间房屋，却没有一间属于我。”70后农民工魏强道出这个庞大群体的心声。同一屋檐下，如何实现城市梦？2014年的一项调查显示，在务工地自购房的农民工占1%。房价贵、贷款难成为农民工进城购房的两大难题。

2015年中央经济工作会议提出：“要按照加快提高户籍人口城镇化率和深化住房制度改革的要求，通过加快农民工市民化，扩大有效需求，打通供需通道，消化库存，稳定房地产市场。”会议发出明确的政策信号，就是鼓励、吸引和号召提供更多资源与平台便于农民工在城里买房。

平安好房新房中心总经理朱永峰表示，为了让农民工买得起房，首届“农民工购房节”精选了全国超过100个楼盘，覆盖重庆、成都、郑州、西安、长沙、沈阳、苏州及其周边的二三线城市，且房源总价控制在100万元以内，主打总价50万元左右的新房。农民工兄弟购房除享受当地政府提供的优惠措施和开发商折扣外，但凡向平安好房提供农村户口及其他相关证明者，在指定楼盘购房可享受最高1万元的购房红包，累计红包补贴达到1亿元。此外，平安好房首席互联网金融官韩晓透露，除了房价补贴，针对农民工购房贷款难的问题，平安好房还专门为农民工定制了免息、无抵押的贷款产品及契税分期支付等服务，为农民工购房提供全面金融支持。首届“农民工购房节”的金融贷款投入规模预计不低于10亿元。

庄诺：建议完善农民工买房政策

“农民工买房的自信在哪里？他们没有固定的收入，难以享受银行按揭，农民的宅基地、小产权房难以抵押，这是我们需要共同面对和解决的问题。”平安好房董事长兼CEO庄诺表示，为了破解农民工买房难这个难题，今年，平安好房将推出针对农民工进城买房的金融解决方案，也呼吁从政策层面加大农民工购房支持力度。

以在商品房购买中非常普遍的银行按揭为例，国务院于2015年8月发布了《国务院关于开展农村承包土地的经营权和农民住房财产权抵押贷款试点的指导意见》，意见明确，赋予“两权”抵押融资功能，维护农民土地权益。在防范风险、遵守有关法律法规和农村土地制度改革等政策基础上，稳妥有序开展“两权”抵押贷款试点。但金融机构在实际操作中就遇到了问题，在承包权和宅基地权无法交易的情况下，用来抵押的“两权”对于银行而言都是无法处置的资产，因此银行对此反应并不积极。庄诺建议相关部门尽快出台政策，让农民工买房、贷款尽快落到实处。

庄诺表示，根据平安好房监测，已有22个地方政府陆续出台针对农民工购房的优惠政策，如去年10月，河南省采取改善金融服务、实施财政补贴、落实子女教育同城待遇、降低购房成本等措施，促进农民进城购房；辽宁省等地也出台措施，为农民工购房提供补贴，并逐步将符合条件的农民工纳入住房公积金制度范围。预计今年会有更大力度政策出台，扶持农民工购房。

此外，在呼吁针对农民工买房降息、降税的同时，平安好房2016年还将积极在二三线城市建立分机构，为农民工提供更多优质房源。

第六节　平安好车

平安好车简介

平安好车于2013年3月在上海注册，是隶属于中国平安旗下的创新型子公司，是平安集团互联网金融“医、食、住、行、玩”战略的重要一环。平安好车秉承“互联网+”的经营理念，不断突破创新、颠覆行业传统，围绕“汽车交易”“汽车金融”“增值服务“三大业务模块，聚焦客户需求，为广大车主提供一站式的汽车生活服务。

平安好车已经在全国30家城市设立分公司，布局90家网点，已成为中国最大的汽车O2O服务平台。当前阶段平安好车以“帮卖二手车”为切入点，主要为广大车主提供二手车资讯、车辆检测、车辆帮卖、车辆帮买、车辆认证质保和车险、二手车、新车车贷、好车宝等金融服务。截至2014年年末，好车圆满完成全国范围服务网络布局，成为全国最大的二手车C2B交易平台。

平安好车首页截图

业务模式

配合全国布局的线下门店，平安好车以线上竞价平台集合全国品牌优质商户，针对意向交易车辆进行线上竞价拍卖，从检测到过户的全流程免费，并为车主提供车险、二手车、新车车贷、好车宝等金融服务以及对应的二手车保障。未来，车主会从平安好车上获得与汽车生活相关的最佳服务体验，轻松享受平安好车带来的汽车生活服务。

公司愿景

“帮卖二手车”只是平安好车整体业务模式的一个部分。平安好车已逐渐成为一个为汽车生活所有相关服务提供整体解决方案的平台，好车未来战略定位是一个集交易服务、金融服务、车主服务三大支柱为一体的O2O个人综合金融电子商务平台，以交易达规模、以金融促利润、以车主服务增强客户黏度。将交易服务、金融服务和车主服务的线上、线下流通融合起来。交易服务为二手车交易用户提供线上车源信息搜索和线下交易、置换、帮买、帮卖等服务；金融服务为车主、经销商等提供车险、二手车贷、新车贷、好车宝等与汽车相关的一站式金融服务；车主服务则囊括车主日常汽车生活的一切所需，包括二手车认证与质保、车辆保养及维修等。未来，平安好车还将是一个大数据平台，为平台的参与者提供各类数据服务。

第七节　平安付科技

平安付科技简介

平安付科技服务有限公司（简称“平安付科技”，原名“深圳市壹卡会科技服务有限公司”）成立于2006年，是中国平安集团旗下平安付智能技术有限公司全资控股的第三方支付机构。

平安付科技首批获得央行颁发的“支付业务许可证”，核心业务为全国范围的预付卡发行和受理、互联网支付。平安付科技旗下的壹卡会预付卡，集合全国知名商户及客户，是国内预付卡行业的领先者。

壹钱包

平安付科技推出的壹钱包，致力于通过一个整合网站及移动应用的电子钱包，为个人消费者及企业客户提供互联网支付、移动支付等多元化的第三方支付等个人创新互联网金融及消费服务，涵盖理财、保障、生活、消费等，希望通过一个电子钱包账户，为每一分钱创造价值。

壹钱包首页截图

相关链接》》

壹钱包花漾卡：理财和健康消费服务为一体的花“样”卡

互联网+金融的模式已经被大家所熟知，它也通过不同平台的运营走进了千家万户。在众多的平台品牌中，壹钱包花漾卡脱颖而出，以优质创新的服务给人们带来了独特的体验，在让大家理财便利性提高的同时，还享受到了生活服务。

壹钱包花漾卡有哪些特点？它的申请很简单，用户在APP中注册信息后即可留下联系方式，之后会有官方服务人员上门推送信用卡信息，也会帮助大家完成实地审核业务，如此一来您就可以拥有属于自己的花漾卡了！花漾卡是与壹钱包APP绑定在一起的，存款额度直接决定刷卡限度，此外，还有购物返现和理财收益等着大家。人们只需要区分好账单日期，接下来的时间就不用担心消费太多折损理财本金了。因为该平台是根据大家存入的数额进行活期理财收入计算的，最大化地满足了人们的收益需求。此项创新服务只有壹钱包花漾卡可以做得到。

壹钱包花漾卡收获了很多好评，用户积极参与注册，还参加了线上活动。花漾卡为用户提供的服务是多元化的，除了具备信用卡的一般功能之外，它还会给大家提供多样化的价值服务。

之前很多人都将购物叫作“剁手”，因为它确实会让大家冲动消费，也会让账户存款越来越少。但是，在壹钱包花漾卡的服务体系下，可以帮助大家建立健康的消费观念，也会有返现和收益反馈给大家，如此一来人们的消费也成了乐趣。如果赶上壹钱包平台举办活动，更是有机会依靠消费能力轻松斩获大奖，这些是否足够吸引你了呢？

壹钱包一直都在开放注册之中，大家可以随时下载了解。平安集团也致力于为大家打造足够经典的线上金融服务，希望通过最全面的服务政策让大家更开心、幸福，也希望将理财的概念贯穿于人们生活的始终。

当今社会人人都需要学习理财知识，每个人都想成为最理智的消费者，大家也都想成为消费达人，加入壹钱包花漾卡就可以满足这个愿望。

相关链接 》》

平安集团2016年成绩单看点：净利润稳增15%
互联网板块首度实现盈利

2017年3月22日晚，坐拥5.6万亿资产规模的综合金融“航母”中国平安公布了全年业绩。

在核心数据方面，2016年，集团营业收入达人民币7744.88亿元，同比增长11.7%；归属于母公司股东净利润为人民币623.94亿元，同比增长15.1%；公司总资产约人民币5.58万亿元，较年初增长17.0%。

按照“个人客户价值”方法测算，截至2016年末，平安的个人客户数达到1.31亿，较2016年初增长20.1%；客均合同数达到2.21个；客均利润从人民币289.07元增至人民币311.51元。2016年，集团个人业务实现利润人民币408.29亿元，同比增长29.5%，占集团归属于母公司股东净利润的65.4%。

中国平安齐头并进的保险、银行、投资、互联网金融四大板块都有什么看点？

保险业务板块，特别是寿险业务，依然是平安集团中保持高速增长的“旗舰”板块与集团利润的“压舱石”。中国平安的保险业务实现归属于母公司股东净利润达346.81亿元，占集团整体利润的55.6%。

其中，平安寿险实现规模保费3552.74亿元，同比增长25.3%；净利润244.44亿元，同比增长19.0%。代理人数量超110万，创历史新高，新业务价值同比增长32.2%。平安产险原保险保费收入1779.08亿元，2016年实现净利润127.00亿元。平安养老险企业年金等养老资产管理规模突破4400亿元。

在保险资金投资领域，平安旗下保险资金投资组合在2016年的净投资收益率为6.0%，同比上升0.2个百分点，主要是公司优化资产配置，提前布局配置优质固定收益资产、优先股，动态配置权益资产所致。而受国内资本市场低迷影响，股票基金买卖差价等已实现收益大幅减少，保险资金组合2016年的总投资收益同比下降20.1%，总投资收益率为5.3%，同比下降2.5个百分点。

银行板块方面，在零售战略转型下，2016年，平安银行的零售业务利润贡献已经占据总利润规模约四成。

再看平安旗下投资板块交出的成绩单。年报显示，平安信托的信托资产管理规模为6772.21亿元，较2015年末增长21.3%，净利润为23.22亿，2015年同期为28.88亿，净利润同比下降19.60%。

证券行业则受市场波动与经纪交易量下滑影响，平安证券2016年净利润较上年同比下降49.6%，净利润22.15亿，同比下降10.6%。

平安资产管理2016年实现净利润22.21亿元，同比下降10.37%。资产管理规模达22594.35亿元，较2015年末增长14.9%；其中，第三方资产管理规模2800.35亿元，较2015年末增长14.0%，第三方资产管理费收入20.54亿元，同比增长47.9%。

陆金所控股整合“三所一惠”，全面布局财富管理、机构间交易和消费金融领域。

截至2016年12月31日，陆金所平台累计注册用户数2838万，较2015年年末增长55.0%，活跃投资用户数740万，较2015年年末增长103.9%，2016年新增投资用户数445万，同比增长33.3%。通过陆金所平台交易的资产规模保持高速增长，2016年零售端交易量15351.63亿元，同比增长137.5%，期末零售端资产管理规模达4383.79亿元，较2015年底增长74.7%。

平安好医生完成A轮5亿美元融资，估值达30亿美元。平安好医生累计为1.3亿用户提供健康管理服务，月活跃用户数峰值突破2600万，日咨询量峰值44万。

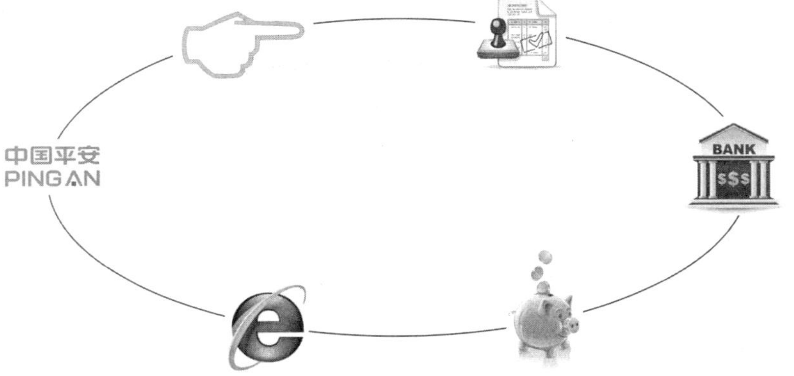

第八章
中国平安的合作共赢

导言：

中国平安一直都秉承共赢的理念与社会各界展开合作，而在合作对象选择上，不仅有各种企业单位，还与各地区有合作，这也为中国平安更长远的发展奠定了坚实的基础。

第一节　与各地区的合作

与云南省合作

云南省简介

云南省，简称“云（滇）”，省会昆明，位于中国西南的边陲，是人类文明的重要发祥地之一。生活在距今170万年前的云南元谋人，是至今为止发现的中国和亚洲的最早人类。

云南历史文化悠久，自然风光绚丽，拥有丽江古城、三江并流、石林、哈尼梯田、大理古城、崇圣寺三塔、玉龙雪山、洱海、滇池、抚仙湖、梅里雪山、普达措国家公园、噶丹松赞林寺、西双版纳热带雨林等旅游景点。

云南政区图

战略合作

2016年3月21日，云南省政府与中国平安保险（集团）股份有限公司在昆明签署《支持云南“十三五”发展战略合作框架协议》。根据协议，“十三五”期间，平安集团将发挥综合金融集团优势，支持云南重大基础设施建设、重点项目发展和产业转型升级。

合作目的

签字仪式前，云南省委副书记、省长陈豪介绍了云南省当前发展形势和重点建设领域、产业培育等情况。他说，当前，省委、省政府正积极贯彻落实党中央、国务院的决策部署，以推进供给侧结构性改革为抓手，提高供给能力和效益，加快补短板，推动发展进入快车道。中国平安与云南合作基础深厚，希望能加大对云南“五网”建设、面向南亚东南亚辐射中心建设、产业转型升级等方面的投入力度，相信在助推云南发展的同时，平安集团自身也将得到更好发展，进一步开创双方合作共赢新篇章。

相关链接》》

云南与中国平安签署“智慧医保合作框架协议”

2016年7月12日，云南省与中国平安在昆明签署“智慧医保合作框架协议”。

据了解，此举旨在推动供给侧结构性改革，提升医保管理服务水平，充分发挥医保对医疗服务行为和费用的调控引导与监督制约作用，促进合理诊疗，控制不合理医疗费用，推动云南省医疗卫生事业持续健康发展。

“智慧医保”是平安集团根据国内医保管理运作模式研发的集医保管理、服务、保障、经办为一体的综合业务体系。“智慧医保”以现有医保管理体系为基础，利用平安集团开发的核心知识库，打造事前风险防控、事中诊疗监管、事后费用核查的智能核查系统，协助定点医疗机构完善管理系统和绩效评价体系，提升医疗服务质量，促进合理诊疗。同时，通过APP应用平台向参保人提供预约、挂号、支付、查询等线上便捷就医服务。

协议签署前，副省长高峰会见了中国平安保险（集团）股份有限公司副总经理曹实凡一行。高峰希望“智慧医保”在云南的试点工作尽快实施，落实协议内容，做实合作项目，造福云南人民。曹实凡说，平安集团在支持云南经济发展的同时将更加注重民生、医疗，积极融入云南经济社会建设。

与四川省合作

四川省简介

四川省，简称“川”或“蜀”，省会成都，位于中国西南腹地，东部为川东平行岭谷和川中丘陵，中部为四川盆地和成都平原，西部为川西高原，与陕西、贵州、云南、西藏、青海、甘肃、重庆诸省市交界，是国宝大熊猫的故乡。

四川全省共辖1个副省级市、17个地级市、3个自治州，其中包括51个市辖区、16个县级市、112个县、4个自治县。截至2015年年底，四川省户籍人口为9132.6万人，常住人口为8204万人。

四川是“中国西部综合交通枢纽”“中国西部经济发展高地”，经济总量连续多年位居西部第一。四川是中国重要的经济、工业、农业、军事、旅游、文化大省。省会成都在1993年被国务院确定为中国西南地区的科技、商贸、金融中心和交通、通信枢纽。成都双流国际机场是中国第四大航空港。

四川现拥有已探明储量的矿产资源132种，占全国资源种数的70%，为全国的资源、能源大省。四川油气田已探明天然气储量超过3.8万亿立方米，位居全国第一，是川气东送的起点。四川因物产丰富、资源富集而被誉为“天府之国”。

四川是世界自然与文化遗产最多的省份，现有世界自然与文化遗产5处，列入联合国《人与生物圈计划》的自然保护区4处，世界地质公园2处；以及国家5A级景区10处，国家4A级景区130处；中国优秀旅游城市21座，中国历史文化名城8座，全国重点文物保护单位230处，中国最佳旅游城市1座。

战略合作

2016年7月7日下午，四川省政府与中国平安保险（集团）股份有限公司在成都签署战略合作协议。根据协议，“十三五”期间，平安集团拟向我省增加投资3000亿元，重点支持全面创新改革、重大项目建设、保障改善民生、脱贫攻坚等。

合作目的

当前，四川正处于由经济大省向经济强省跨越、由总体小康向全面小康跨越的关键时期，面临着系统推进全面创新改革等一系列重大机遇，铁路、公路、机场等基础设施建设和新型城镇化建设、幸福美丽新村建设都在加快推进，投资空间广阔。四川省省委书记王东明希望双方进一步加强沟通对接，将签署的合作协议逐项细化为具体项目和行动方案，实现携手发展、互利共赢。

与湖北省合作

湖北省简介

湖北省，简称“鄂”，省会武汉，位于中国中部偏南、长江中游，洞庭湖以北，故名“湖北”。

湖北东连安徽，南邻江西、湖南，西连重庆，西北与陕西为邻，北接河南。湖北省东、西、北三面环山，中部为“鱼米之乡”的江汉平原。

湖北是承东启西、连南接北的交通枢纽，武汉天河国际机场是中国内陆重要的空港。长江自西向东，横贯全省1062公里。长江及其最大支流汉江，润泽楚天，水网纵横，湖泊密布，湖北省因此又称“千湖之省”。

湖北文化底蕴深厚，中华民族的始祖炎帝的故里在湖北。春秋战国时期的楚国在长达800多年的历史中，创造了楚文化。

湖北具有光荣的革命传统。从武昌辛亥首义到新中国成立，湖北为中国革命胜利做出了重要贡献。新民主主义革命时期，仅红安县就孕育了董必武、李先念2位国家主席和200多位将军。

湖北省的科教文化实力位居全国前列，是中国重要的高等教育基地。湖北省的科学研究水平全国领先，国家科技奖获奖项目数量连续7年位居全国前4位。

湖北长江经济带产业基金

2015年12月30日上午，湖北长江经济带产业基金及管理公司揭牌仪式在武汉举行。这意味着历时近半年筹备的湖北长江经济带产业基金正式启航。启动仪式上，湖北省副省长曹广晶代表湖北省政府与国家开发银行、中国工商银行、中国农业银行、中国银行、中国建设银行、中国平安、中国中投证券有限责任公司等单位负责人签署了长江经济带产业基金合作框架协议。

相关链接》》

平安证券助力湖北转型升级 签署“湖北长江经济带产业并购母基金”合作备忘录

继2015年年底中国平安与湖北省政府签署长江经济带产业基金合作协议后，2016年4月6日，平安证券有限责任公司（以下简称“平安证券”）宣布与湖北省长江经济带产业基金管理有限公司及长江产业投资集团有限公司已成功签署“湖北长江经济带产业并购母基金”三方合作备忘录。中国平安副总经理曹实凡及平安证券董事长谢永林出席签约仪式。

该并购母基金总规模200亿元人民币，首期规模50亿元。基金拟采取1+N的模式，以与上市公司、优势企业或者金融机构合作设立的专项并购子基金为分支，专注于战略性新兴产业快速发展、现代服务业突破发展和传统支柱产业转型升级，进而推动湖北省经济的转型发展、跨越式发展。

据悉，平安证券参与设立“湖北省长江经济带产业并购母基金”旨在通过该平台开放吸纳与产业相关的VC、PE、券商及基金等机构，发挥各方不同优势，围绕省内上市公司及企业客户，引资、引智，汇聚产业并购整合资源，共同做大湖北产业规模，实现各方共赢。

基金设立后，平安证券将充分发挥自身“募、投、管、退”等多方面的优势，结合平安集团内部保险、银行等资源，引入夹层及优先级资金，并将公司大投资业务与传统的IPO、并购、定增、公司债及资产证券化等产品相结合，以助母基金开展多元化的合作。

平安证券立足平安集团优势和券商专业特色，与政府、行业龙头和PE/VC等各方采取开放协同、合作共赢的态度，构建大投资业务板块。当前，大投资主要围绕产业基金、开放合作基金及PE/VC生态圈三大方向开展。其中，产业基金依托庞大险资，致力于建立国内最大资本金的产业基金公司，通过结构化设计撬动优先级及劣后资金携手重要央企和地方国企，以“8+2”模式联通建设方与地方政府，通过结构化设计控制运营风险，提升项目整体运作水平；开放合作基金聚焦关键区域与重点行业，搭建政府、企业、金融机构多方参与的开放投资平台，通过资源整合和专业的管理能力，全面提升企业价值、地方经济效益，最大化各方协同效应；PE/VC生态圈，以顶尖人才组建与外部并购/PE/VC基金的生态圈，整合并购/PE/VC及产业链资源，集合各方资源优势，在甄选项目和实施投资等各环节上建立起具有协同效应的竞争力，通过利益共享机制充分调动各方积极性。

……

第二节　与中国建筑合作

中国建筑简介

中国建筑工程总公司，以下简称“中国建筑”，正式组建于1982年，前身为原国家建工总局，是以从事完全竞争性的建筑业和地产业为核心业务而发展壮大起来的国有重要骨干企业。

中国建筑是中国专业化经营历史最久、市场化经营最早、一体化程度最高的建筑房地产企业集团之一，拥有从产品技术研发、勘察设计、工程承包、地产开发、设备制造到物业管理等完整的建筑产品产业链条，是国内唯一一家同时拥有“三特”资质、“1+4”资质和建筑行业工程设计甲级资质的建筑企业。

中国建筑logo

战略合作

2016年7月6日，中国建筑与中国平安财产保险股份有限公司在深圳签订保全责任保险战略合作协议。

根据协议，双方将在保费计取、赔付追偿、保全时限等保全责任保险业务领域开展深入合作，推动保全工作的开展。

第三节　与猎律网合作

猎律网简介

践行“法治中国”理念，把握“互联网+”机遇。

2014年年底，猎律经营方中律科技股份有限公司及其子公司成立，以境内外资深律师、企业法务顾问、企业总法及IT、互联网精英为核心的猎律团队正式组建，并开发了中国首家互联网法律生态系统+O2O平台——猎律网。

2015年8月，猎律网PC端及APP移动端正式上线。猎律网以其构建的在线交易模式（即猎律交易模式）及全方位服务规则（即猎律规则体系）为两大支柱，打造了猎律网法律生态系统，为传统法律服务市场带来划时代的革新，引领互联网法律跨入3.0时代。

猎律网logo

战略合作

2016年7月5日，全球首家互联网+法律、律师第一门户网站猎律网首席创始人赵宪明先生与平安保险相关负责人在北京世纪财富中心召开商务会议，签订战略合作协议，互联网+法律+保险横空出世，我国首例互联网法律与保险跨界合作由此诞生。

互联网法律与保险的跨界联合

猎律网与中国平安的跨界联合筹划已久，互联网+法律+保险合作模式的最大亮点在其在全国范围内的首创性。作为国内法律界知名领军企业，猎律网无论在对互联网法律模式的探索还是在资源利用上，都敢为人先，此次和中国平安的战略达成成为又一跨领域的大手笔合作，更在法律界引起了广泛关注。

中国平安是我国金融保险行业的巨头，随着互联网浪潮的到来，平安保险积极“触网”，推出金融+移动互联网跨界创新产品。但此次与互联网法律平台猎律网的合作是其突破互联网产品限制，走向互联网跨界联合服务的又一创举。猎律网和平安保险在成功进军互联网行业之后的强强联合有了更多开拓创新的意味，国内首个法律互联网与保险行业的跨界合作横空出世，意义非凡。

合作意义

此次互联网+法律+保险模式的诞生让两大行业能够更加便捷、高效地服务民众。

双方合作的主要领域是诉讼保全险。诉讼保全险的投保人可通过猎律网线上平台解决投保过程中的法律问题，互联网法律与保险行业跨界提供的一站式投保服务，可协助用户避免保险中“灰色”地带、保险“陷阱”等问题的出现。

中国平安和猎律网的战略合作，可引导投保用户积极利用互联网法律平台进行法律咨询，包括投保前期相关的资质和材料。互联网法律与保险行业的跨界联合能让保险服务更便捷。

【拓展阅读】平安产险联合NSF推广汽车售后配件认证 让汽车维修更省心

平安产险联合NSF推广汽车售后配件认证 让汽车维修更省心

2016年7月7日，平安产险联合美国NSF召开推广汽车售后认证配件项目的发布会。双方表示，将基于在汽车售后配件认证方面的推广经验与历史数据，结合中国市场现状，共同建立并推广一套新的联合认证标准，为广大车主在汽车售后维修服务、保险理赔等汽车后市场领域带来省心体验。

据悉，汽车售后认证配件是指，按相关检测认证标准，经专业第三方认证机构检测认证并通过工厂审核，获得第三方认证机构认证的售后配件。汽车售后认证配件具有质量保障、来源可追溯等优点，可以提高消费者对非原厂售后配件的认可度，并帮助客户节省更换部件费用和相关保费理赔费用。

NSF全称为National Sanitation Foundation（美国国家卫生基金会），致力于公共卫生、安全、环境保护领域的标准制定、产品测试和认证服务工作，是汽车后市场领域享有盛誉的认证机构和标准规范的开发者，也是北美及澳大利亚最大的汽车售后配件认证机构。NSF总裁兼首席执行官、美国国家标准学会主席Kevan Lawlor表示，根据NSF认证售后配件的市场经验，经认证的售后配件优势在于让市场更规范，理赔全透明化，可帮助保险公司和消费者获得质高价优的汽车售后配件。基于中国市场，目前售后零部件认证尤其是非原厂配件的需求是巨量的，随着中国未来汽车市场的份额继续扩大，高品质配件需求将是未来中国汽车市场的机遇，值此时期与平安产险合作前景广阔。

平安产险副总经理朱友刚介绍，平安产险作为国内第二大财产保险公司，已拥有超过4000万名车险客户的数据积累，日均处理的车险赔案近4万个，与超过7万家汽车修理厂建立合作，深刻了解国内汽车后市场领域的现状及车主的消费习惯。在过去一年多时间里，平安产险联合美国NSF技术专家和资深售后市场专家成立项目组，以美国售后市场公认的独立售后市场保险杠质量标准为蓝本，针对中国市场推出了一套更严谨的汽车售后配件认证标准。

最新数据显示，目前有近50%的事故车辆在非4S店体系中维修，优质售后配件的需求正在日趋增多。朱友刚表示，平安产险未来将通过推广联合认证、围绕认证配件开发新车险产品等方式，为更多车主带来更加省心的汽车售后服务体验。

2016年年初，平安产险发布了“开放、合作、共享”的3.0战略，期望携手更多产业链合作伙伴，打造更加强大的、开放式的车生活平台。平安产险本次联手NSF打造的联合认证，可望给汽车后市场产业链条中的配件制造厂、汽修厂及经销商等企业搭建一个新的平台和标准，在帮助其为车主提供优质产品的同时，进一步获取车主的消费信任。

除了搭建产业链平台以外，平安产险还持续通过新科技提升车主体验。如年初推出的全线上自助理赔服务，客户只需通过好车主APP或平安产险官微移动平台的在线操作，就可获得“点选出险经过—拍照—选择修理厂”三个步骤搞定车险理赔的极致体验。该服务自年初上线至今，所涉及案件的平均全案周期为0.42天，每个案件为客户节省2.62天，客户好评率达99.03%。朱友刚认为，未来平安产险从“车保险”到“车服务”最终覆盖“车生活”的这条主轴将不断进化，为广大车主带来更多一站式的用车服务体验。

会上，部分配件制造厂商代表、车件儿等经销商代表、大师钣喷及小拇指等汽修连锁品牌代表均对平安产险打造产业链平台给予了高度评价，并表示将积极参与售后配件认证项目，期待未来售后配件认证项目能为车主和企业带来实际的红利。

第四节　战略投资汽车之家

汽车之家简介

汽车之家成立于2005年，是中国领先的汽车互联网平台——为汽车消费者提供选车、买车、用车、换车所有环节的全面、准确、快捷的一站式服务。

2015年12月，通过移动设备访问汽车之家网站，以及通过移动应用APP访问汽车之家服务的日均独立用户访问量分别约为770万次和610万次，均在中国所有汽车类网站中排名保持第一。汽车之家用户的平均每日浏览时长达到17分钟，中国互联网用户在线浏览汽车信息时，有48%的时间花费在汽车之家。

汽车之家
autohome.com.cn
第一汽车互动媒体

汽车之家logo

战略投资

2016年6月25日，随着中国平安与澳大利亚电信顺利完成汽车之家的股份交割，中国平安以16亿美元收购汽车之家47.4%的股权，正式成为汽车之家最大的股东。

中国平安长期关注汽车之家的发展，并经汽车之家管理层介绍，开始与澳大利亚电信及汽车之家管理层进行多次友好接洽。中国平安表示，这一交易完成后，中国平安将与汽车之家结成合作伙伴，为汽车之家未来更远大的发展而共同努力。

合作目的

平安信托总经理冷培栋表示：在尊重和维护汽车之家既有优势的同时，中国平安不仅将从资本上持续支持汽车之家，还将把近3亿名的线上用户，1.5亿名的金融客户，超过5000万名的车险客户，庞大的汽车主机厂和经销商合作伙伴群体，以及汽车之家最需要的遍布全国的线下服务网络等资源与汽车之家进行合作，全力支持汽车之家的发展，巩固汽车之家的领先地位，帮助汽车之家实现从单一汽车媒体向全方位汽车服务生态圈的战略升级与转型。

相关链接 》》

走向：与平安深度融合？与市场第二合并？

平安入主汽车之家后，这个市值超过30多亿美元、中国最大的汽车垂直网络平台走向如何，备受关注。

有评论认为，此次交易，汽车之家大股东的身份犹如击鼓传花般任由资本玩弄，管理层无能为力。另一种说法认为，平安信托是三年账期的金融信托产品，汽车之家难逃三年内再次被卖的结局。

平安显然并不认同这种说法。陆敏在发给汽车之家员工的邮件中说：“未来，汽车之家将继续按照既定战略转型发展，同时作为平安‘行’战略联盟的主要门户。”

目前看来，汽车之家和平安直接关联的汽车业务有两块：一是汽车销售和平安汽车财险；二是平安银行进入的汽车金融业务。但这两块并不是汽车之家最强的板块，汽车之家的优势在于整车零售的售前，所以这样的并购短期内对汽车之家的业务不会有太大的帮助。

相反，倒是汽车之家推出的“双十一”电商平台活动和月覆盖近8000万名用户等优势，对于平安布局汽车领域有很大帮助。此前，平安曾成立平安好车进入二手车电商领域，意在利用其在汽车财险方面的用户资源和积累，激活二手车业务，但以失败告终。

值得注意的是，在汽车之家的这场变局中，有传言称其竞争对手，另一家垂直类汽车网站——易车的董事长李斌联合平安收购汽车之家，但李斌否认称：“易车与汽车之家合并没有可能。”

不过，资本的想象力和逐利性是超出想象的。一名投资人说：“我认为两者合并更有投资价值。老大、老二打架，倒下的往往是老三，太平洋已经倒下，爱卡解决问题之后将重新入局。从目前汽车之家和易车两个网站的业务中心看，合并后有利于互相弥补短板，发挥既有业务模式的优势。”两者如果真的合并，对汽车市场又将产生更深远的影响。

管理层的股权比例被稀释到很低，是问题的根本所在。虽然秦致对汽车之家充满感情，但他无能为力。汽车之家上市之前造血能力蛮强的，那时就应该逐渐把股权买回来。如今，大股东易主，想去改变它的结果，已经晚了。

企业有足够的资本去发展是一件好事，但是股权不断被稀释，也会造成创始人或像王石、秦致这样对公司充满热爱的灵魂人物失去对公司的控制能力，没有办法靠自己的热情给公司做事情。

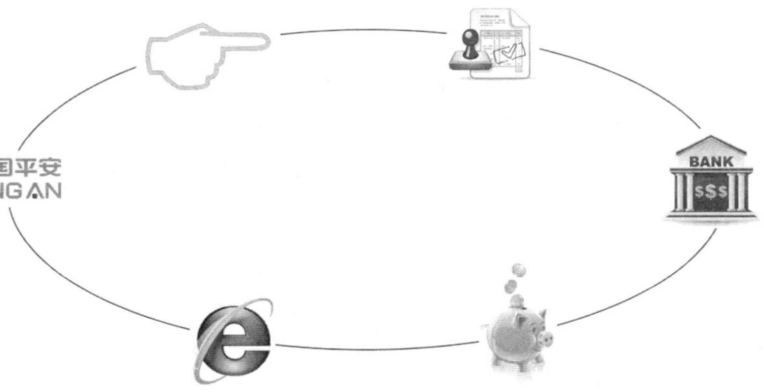

第九章
中国平安在竞争中强大

导言：

从1988年建立至今，中国平安在中国保险行业中一直都是佼佼者，但是不乏竞争者，中国平安正是在与竞争者的博弈中不断发展壮大的。

第一节 中国平安vs中国人寿

中国人寿简介

中国人寿保险（集团）公司是国有特大型金融保险企业（简称“中国人寿”），总部设在北京，是世界500强企业、中国品牌500强。公司前身是成立于1949年的原中国人民保险公司，1996年分设为中保人寿保险有限公司，1999年更名为“中国人寿保险公司”。

2003年，经国务院同意、保监会批准，原中国人寿保险公司重组改制为中国人寿保险（集团）公司，业务范围全面涵盖寿险、财产险、养老保险（企业年金）、资产管理、另类投资、海外业务、电子商务等多个领域，并通过资本运作参股了多家银行、证券公司等其他金融和非金融机构。

中国人寿
CHINA LIFE

中国人寿logo

营收业务对比

主营业务的对比

中国平安与中国人寿的主营业务对比如下图所示。

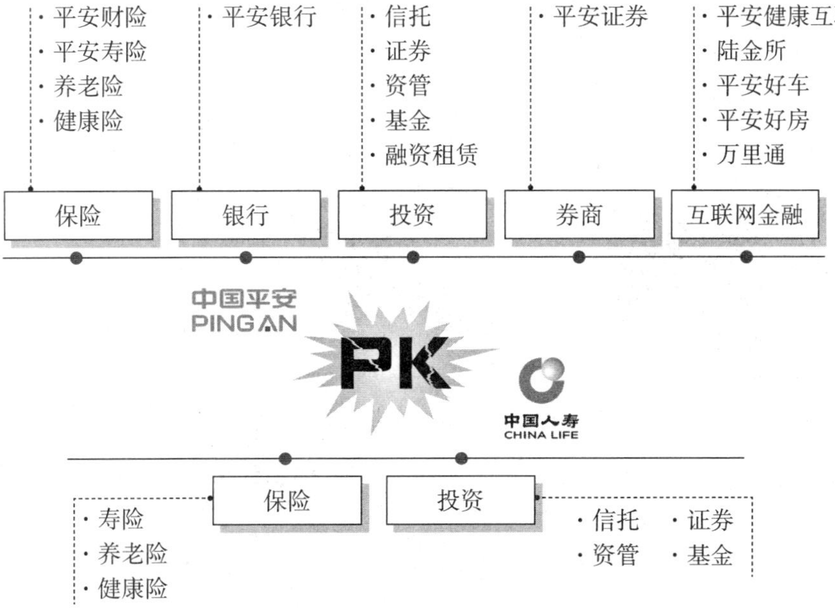

中国平安与中国人寿在主营业务方面的对比

营业收入的对比

中国平安与中国人寿的营业收入对比如下图所示。

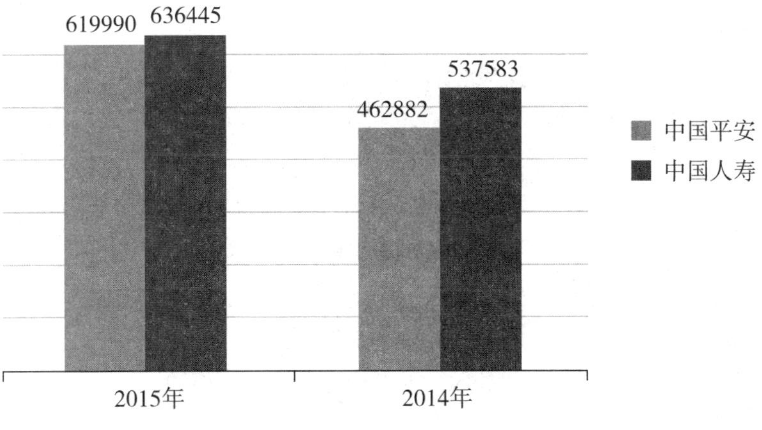

营业收入的对比（单位：百万元人民币）

中国平安与中国人寿的总资产对比如下图所示。

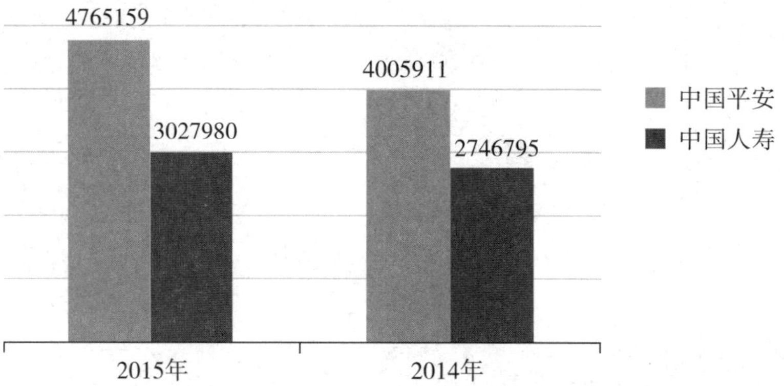

总资产的对比（单位：百万元人民币）

总结

从主营业务的对比上可以看到，中国平安的主营业务比较丰富，中国人寿的主营业务比较保守单调。中国人寿的主营业务就是保险业务以及证券信托基金等投资，而中国平安的主营业务包括保险、银行、投资、互联金融等。从营业收入上看，2015年与2014年，中国平安的营业收入都低于中国人寿，但是，中国平安的总资产却高于中国人寿。

财务对比

中国平安的财务报表

中国平安的财务报表如下。

2015年中国平安的利润表

合并利润表 （除特别注明外，金额单位为人民币百万元）		
	2015年度	2014年度
一、营业收入	619990	462882

（续表）

	2015年度	2014年度
保险业务收入	386012	326423
其中：分保费收入	68	38
减：分出保费	（25208）	（24660）
提取未到期责任准备金	（10958）	（12984）
已赚保费	349846	288779
银行业务利息收入	132131	119422
银行业务利息支出	（64727）	（64527）
银行业务利息净收入	67404	54895
非保险业务手续费及佣金收入	40499	25643
非保险业务手续费及佣金支出	（3567）	（3230）
非保险业务手续费及佣金净收入	36932	22413
投资收益	137844	78735
公允价值变动损益	125	615
汇兑损益	256	（191）
其他业务收入	27583	17636
二、营业支出	（527043）	（400541）
退保金	（16578）	（10188）
保险合同赔付支出	（118125）	（102659）
减：摊回保险合同赔付支出	13016	12532
提取保险责任准备金	（140108）	（108419）
减：摊回保险责任准备金	2127	1596
保单红利支出	（8455）	（5871）
分保费用	（11）	（4）
保险业务手续费及佣金支出	（50633）	（34937）
营业税金及附加	（20815）	（15915）
业务及管理费	（112737）	（85665）
减：摊回分保费用	9148	7963
财务费用	（7539）	（6974）
其他业务成本	（39785）	（27104）

（续表）

	2015年度	2014年度
资产减值损失	（36548）	（24896）
三、营业利润	92947	62341
加：营业外收入	859	512
减：营业外支出	（393）	（500）
四、利润总额	93413	62353
减：所得税	（28235）	（14423）
五、净利润	65178	47930
归属于母公司股东的净利润	54203	39279
少数股东损益	10975	8651
六、每股收益（人民币元）		
基本每股收益	2.98	2.47
稀释每股收益	2.98	2.34
七、其他综合收益的税后净额	752	30774
归属于母公司股东的其他综合收益的税后净额	362	30311
以后将重分类进损益的其他综合收益	362	30311
可供出售金融资产变动	970	37315
影子会计调整	（552）	（7041）
外币财务报表折算差额	（66）	41
权益法下在被投资单位以后将重分类进损益的其他综合收益中享有的份额	10	（4）
归属于少数股东的其他综合收益的税后净额	390	463
八、综合收益总额	65930	78704
归属母公司股东的综合收益总额	54565	69590
归属少数股东的综合收益总额	11365	9114

从上表中可以看到，平安2014—2015年营业收入增长33.94%，净利润增长和主营业务匹配，这说明公司非常稳健。

中国人寿的财务报表

中国人寿的财务报表如下。

2015年度中国人寿的财务报表

合并利润表

（除特别注明外，金额单位为人民币百万元）

	2015年度	2014年度
一、营业收入	636445	537583
已赚保费	448267	399878
保险业务收入	457080	406957
其中：分保费收入	16	23
减：分出保费	（5025）	（3552）
提取未到期责任准备金	（3788）	（3527）
投资收益	186954	130943
其中：对合营企业和联营企业的投资收益	3282	3776
公允价值变动损益	（2585）	4033
汇兑损益	381	（58）
其他业务收入	3428	2787
二、营业支出	587297	508732
退保金	107698	98767
赔付支出	195885	155623
减：摊回赔付支出	（1922）	（1669）
提取保险责任准备金	148370	147569
减：摊回保险责任准备金	（853）	（176）
提取保费准备金	26	12
保单红利支出	34841	26039
分保费用	4	1
营业税金及附加	8822	4498
手续费及佣金支出	43444	32641
业务及管理费	37498	33764
减：摊回分保费用	（1546）	（1117）

（续表）

	2015年度	2014年度
其他业务成本	11842	10719
资产减值损失	3188	2061
三、营业利润	49148	28851
加：营业外收入	280	439
减：营业外支出	（315）	（207）
四、利润总额	49113	29083
减：所得税	（11714）	（8459）
五、净利润	37399	20624
六、利润归属	37399	20624
归属于母公司所有者的净利润	26208	10398
少数股东损益	11191	10226
七、其他综合收益的税后净额	6860	57462
归属于母公司所有者的其他综合收益的税后净额	4618	45083
以后将重分类进损益的其他综合收益	4747	45189
可供出售金融资产公允价值变动	4238	44852
权益法下在被投资单位以后将重分类进损益的其他综合收益中享有的份额	91	332
外币财务报表折算差额	418	5
以后不能重分类进损益的其他综合收益	（129）	（106）
归属于少数股东的其他综合收益的税后净额	2242	12379
八、综合收益总额	44259	78086
归属母公司所有者的综合收益总额	30826	55481
归属少数股东的综合收益总额	13433	22605

从上表中可以看到，中国人寿2014—2015年营业收入增长18.39%，增长速度比中国平安慢。

总结

财务报表上中国平安主营收入和净利润都呈现平稳快速增长，而中国人寿则主营收入乏力，净利润表现不尽如人意，这主要是源于中国平安优秀的管理和有效的布局。

第二节　中国平安vs中国人保

中国人保简介

中国人民保险集团股份有限公司（简称“中国人保”）是一家综合性保险（金融）公司，世界500强之一，是目前世界上最大的保险公司之一，注册资本为306亿元人民币，在全球保险业中属于实力非常雄厚的公司。公司标志为英文PICC。目前旗下拥有人保财险、人保资产、人保健康、人保寿险、人保投资、华闻控股、人保资本、人保香港、中盛国际、中人经纪、中元经纪和人保物业等10多家专业子公司，中国人保还持有中诚信托32.35%的股权。

2016年7月22日，美国《财富》杂志2016年世界500强榜单揭晓：中国人保以年营业收入646.1亿美元荣登“世界500强”第119位，较2015年的174位排名跃升55位，比2010年提升252位，大幅超越集团“十二五”规划确定的跨入世界500强前150位的目标。

PICC
中国人民保险集团股份有限公司
THE PEOPLE'S INSURANCE COMPANY (GROUP) OF CHINA LIMITED

中国人保logo

财务对比

主营业务收入的对比

以下提供中国人保2015年利润表。

2015年度中国人保的利润表

合并利润表 （除特别注明外，金额单位为人民币百万元）		
	2015年度	2014年度
总保费收入	388387	349169
减：分出保费	（31255）	（32788）
净保费收入	357132	316381
未到期责任准备金净额变动	（7821）	（10767）
已赚净保费	349311	305614
摊回分保费用	9678	10109
投资收益	44336	33426
其他收入	2686	2347
收入合计	406011	351496
死亡给付和其他给付	93319	95428
已发生赔款	180684	162107
长期寿险合同负债变动	9138	（2174）
保单红利支出	4149	4352
给付及赔付总额	287290	259713
减：分出给付及赔付	（21147）	（20953）
给付及赔付净额	266143	238760
手续费及佣金支出	35963	26464
财务费用	4603	5053
汇兑收益	（632）	（34）
其他财务及管理费用	72455	63678
保险业务支出及其他费用合计	378532	333921
应占联营及合营企业损益	6491	5845
税前利润	33970	23420
所得税	（6305）	（4705）
净利润	27665	18715
下列归属于：		
母公司股东	19542	13109
非控制性权益	8123	5606
归属于母公司股东的每股收益	0.46	0.31

从表中数据可以得出，2014—2015年，中国人保的营业收入增长15.51%，增速低于中国平安。

总资产的对比

以下为中国平安与中国人保的总资产对比。

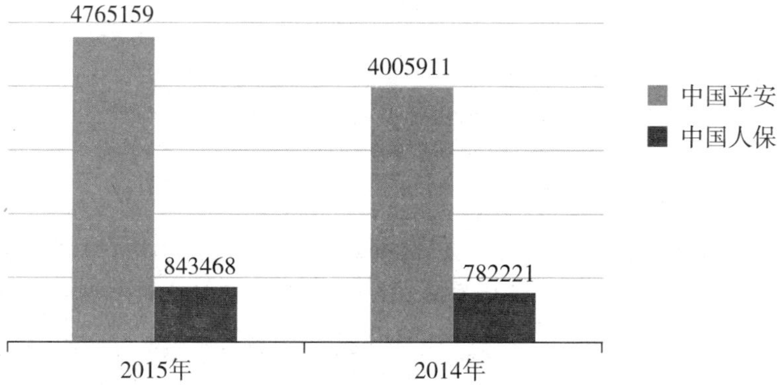

总资产的对比（单位：百万元人民币）

从上图可以看出，中国平安的总资产远超中国人保。

第三节　中国平安vs新华保险

新华保险简介

新华人寿保险股份有限公司（以下简称“新华保险”）成立于1996年9月，总部位于北京市，是一家全国性的大型寿险企业，目前拥有新华资产管理股份有限公司、新华家园养老企业管理（北京）有限公司和新华卓越健康投资管理有限公司等子公司。2011年，新华保险在香港联合交易所和上海证券交易所同步上市，A股代码为601336，H股代码为1336。

新华保险logo

2015年，新华保险实现保险业务收入人民币1118.59亿元，公司总资产规模达到6605.6亿元。保费收入连续6年保持行业三甲地位。营业收入为1584.53亿元，同比增长10.7%；归属于母公司股东的净利润为86.01亿元，同比增长34.3%。

2016年7月13日晚间，《财富》（中文版）发布了中国500强排行榜，新华保险位列第35位。

财务对比

总资产的对比

下图为中国平安与新华保险的总资产对比。

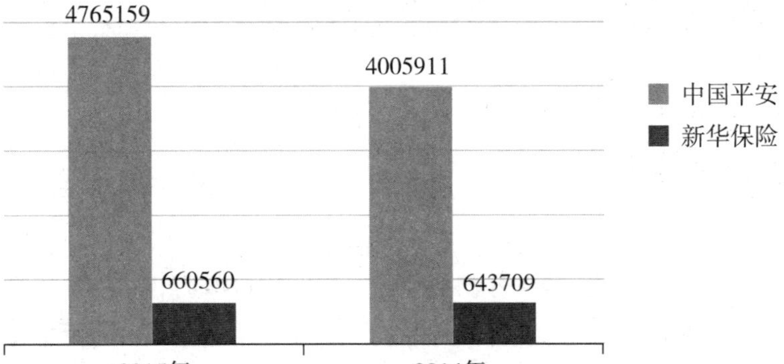

总资产的对比（单位：百万元人民币）

从图中可以看出，中国平安的总资产远多于新华保险。

主营业务收入的对比

下表为新华保险营业收入表。

2015年度新华保险的营业收入表

营业收入表（除特别注明外，金额单位为人民币百万元）			
	2015年度	2014年度	增减变动
已赚保费	111220	109271	1.78%
保险业务收入	111859	109868	1.81%
减：分出保费	（690）	（404）	70.79%
提取未到期责任准备金	51	（193）	—
投资收益	46223	33022	40.00%
公允价值变动损益	（9）	324	—
汇兑收益	305	30	916.67%
其他业务收入	714	540	32.22%
合计	158453	143187	10.66%

从表中可以看出，2014—2015年，新华保险的营业收入增长10.66%，中国平安的营业收入增长18.49%，相比之下，中国平安增长较快。

相关链接》》

营销员PK：中国平安单产拔头筹

2017年4月初，中国人寿、中国平安、中国太保（中国太平洋保险（集团）股份有限公司，又简称“太平洋保险”）以及新华保险这4家在A股上市的险企2016年度年报悉数出炉。年报显示，4家险企的个人营销员渠道成为保费增长新动力，业务“含金量”不断提升，中国平安代理人月均收入拔得头筹，达到6016元。

截至2016年年底，整个保险业营销员达657.28万人，较年初增加185.99万人，从上市险企中报显示的数据来看，上述四大险企成为本轮增员潮的主力。年报数据显示，中国人寿2016年个险人力大幅增长扩至149.5万人，同比增长52.7%，保险营销员季均有效人力同比增长67.1%。队伍举绩人力实现大幅增长，队伍“扩量增质”成效显著。不过，国寿2017年并未公布代理人月均产能，据记者粗略估算，达到4588元。

中国平安紧随其后，个险人力扩至110万人，同比增长27.7%。在这一轮增长中，平安人寿的成绩也可圈可点，2016年中国平安年报显示，目前，在平安人寿的新业务价值中，营销员渠道占比超九成。平安人寿2016年营销员人均每月实现首年规模保费7821元，同比增长8%，而人均每月实现新保单1.22件，有效活动率达65.1%。代理人每月人均收入6016元，同比增长17.4%。

中国太保则坚持人力和产能“双轮驱动”，不断强化有效增员， 大力推动新人“首月健康、首季转正”，持续加大连续健康和绩优人力推动力度。数据显示，太保人寿全年月均人力达到65.3万人，同比增长35.5%，营销员月人均产能5084元，同比增长6.4%；月均健康人力和绩优人力首次分别破20万人和10万人，队伍结构持续优化。

与以上3家险企相比，新华保险个险人力稍显弱势，但举绩率和产能仍在持续提升。截至2016年末，新华人寿个险渠道规模人力32.8万人，同比增长9%。月均举绩人力15.3万人，同比增长29%；月均举绩率54.1%，同比提升1.3个百分点，月均人均综合产能5798元，同比增长3.8%。

如此来看，险企个人营销员规模都在快速扩张，对于各家险企来说，如何提升留存率、提高队伍产能，考验着险企的经营管理水平。在增员方面，新华保险董事长兼CEO万峰表示：“2017年仍将强化销售队伍建设，未来我们还要建立一支‘高举绩率’、‘高产能’、‘高留存’的三高销售队伍，做强销售能力。”

……

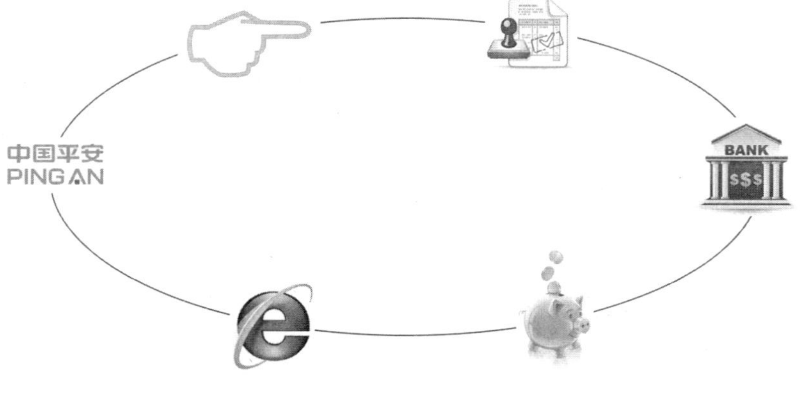

第十章
中国平安的企业文化

导言：

平安文化是一个大家常常议论的话题，包括令员工既焦虑又亢奋的末位淘汰制度，还有平安独特的晨会、司歌以及鞠躬等礼仪制度……这些由平安开风气之先的举措，许多已被同业借用。

第一节　企业文化体系

品牌精神

中国平安旨在创造一个融中国传统文化及现代品牌理念为一体的新标识。新字标设计采用了中国传统文化中“外圆内方”的哲学思想，又结合明快、简洁的国际品牌设计潮流，既有传统特色，更具现代时尚风范。

A字的等边三角造型，令人联想起中西方的各式小屋，寓意呵护、关爱及家的形象。绿色方块中的绿色象征着生命、生机、活力，方块形象契合家庭，也暗合中国传统“孔方”钱币造型，象征着财富、瑰宝。将生命、财富、瑰宝藏于家中，是一种安心的感觉，一种可以安坐家中、幸福平安的感觉。

中国平安品牌logo

通过品牌名称、字标的设计，以及在文字和视觉上的体现，“中国平安”希望表达对股东、客户、员工及社会负责的企业使命，凸显中国平安努力成为现代中国人首选的综合金融集团，集保险、银行、投资服务于一身之品牌形象。

相关链接

平安人寿、产险蝉联C-BPI中国“第一品牌”

2016年4月8日，品牌评级权威机构Chnbrand发布2016年（第六届）中国品牌力指数（C-BPI）品牌排名和分析报告。中国平安旗下平安人寿、产险分获“人寿险领域第一品牌”“财产保险与汽车保险第一品牌”称号，其中平安人寿为连续第二年获此殊荣，平安产险则是连续6年登顶财产与汽车保险品牌No.1。

主办方认为，平安人寿在保持业绩快速增长的同时，坚持以客户体验提升作为出发点，通过领先行业的客户服务建立了良好的市场口碑，品牌价值得到不断彰显。与此同时，在财产险与车险领域，6年来平安产险不断利用新科技，深度挖掘客户需求，升级服务水平，获得客户广泛好评，已经在消费者的心目中建立起差异化的品牌认知。

年报数据显示，截至2015年年底，平安人寿实现规模保费2834.95亿元，同比增长17.6%，代理人队伍规模近87万人，较年初增长36.9%。个人寿险新业务增速达51%，创近年新高，电销业务全年实现规模保费129.94亿元，同比增长39%，市场份额稳居行业第一，互联网渠道快速发展，实现规模保费25.47元。

2015年平安人寿始终坚持以客户为中心，不断提升“简单便捷、友善安心”的客户体验：引入全球领先的金融门店设计理念，打造全新“智享门店”，门店布局突显私密感及尊享体验，推行亲情化服务，并将人脸识别技术应用于寿险行业，实现“刷脸”即可完成保单服务办理；加大客户关怀，在业内首创的“重疾先赔、特案预赔”的理赔服务，自2015年年初推出至2015年年底，已为客户提供超过5900万元的预赔、先赔赔款；在行业内首推健康管理服务，并以此为核心构建高频互动的加值服务体系，实现家庭医生、健康资讯、健康测评、健康习惯等功能，持续开展各项健康主题活动，并向所有客户提供“一对一”专属家庭医生服务、7×24小时随时随地免费问诊服务。自2015年4月该服务上线至2015年年底，已为1424万人提供了超1亿次互动服务。得益于各项触动人心的好服务，2015年平安人寿NPS值从-11%提升至7%，提升了18个百分点，大大提升了品牌美誉度。

平安产险方面介绍，自2009年提出“快易免”服务承诺以来，平安产险连续6年利用科技升级服务标准，在中国顾客满意度调研中，名列汽车保险行业第一位。2016年，平安产险再度革新，打造由客户参与设计的自助理赔服务模式——口袋理赔，客户只需通过好车主APP或平安产险官微移动平台的在线操作，就可获得“点选出险经过—拍照—选择修理厂”三个步骤搞定车险理赔的极致体验。该服务自年初上线至今，所涉及案件的平均全案周期为0.42天，每个案件为客户节省2.62天，客户好评率99.03%，获得质量万里行颁发的服务质量创新奖。

相关负责人表示，截至目前，平安产险已获得4000万名车主青睐。未来，平安产险将通过科技和互联网开启开放、合作、共享的3.0时代，在3.0时代，将使“让客户用最简单的方式，解决最迫切的需求”这条主轴不断进化，为更多个人车主构建一站式的“移动互联车生活”平台。平安产险的好车主APP将成为核心载体，联合集团内外合作伙伴的金融产品及用车服务，从“车保险”到“车服务”，最终覆盖用户的“车生活”。

据悉，中国品牌力指数是中国首个品牌价值评价制度，2011年首次推出并连续数年获得了工业和信息化部品牌政策专项资金的扶持。本年度调查时间从2015年3月1日开始至2016年2月29日结束，覆盖品类149个，涉及被评价的主流品牌达到5800多个。

文化理念

中国平安以“成为国际领先的个人金融生活服务提供商”为愿景，恪守企业社会责任，为客户、员工、股东和社会创造最大化的价值，倡导“以优秀的传统文化为基础，以追求卓越为过程，以价值最大化为导向，做一个品德高尚和有价值的人”的价值观，弘扬“诚信守法、简单务实，团结进取、迎难而上，追求卓越、服务领先，创造价值、回馈社会”的平安精神，坚持“专业创造价值”的品牌定位，在“综合金融+”和“互联网+”的新时代，实现“专业，让生活更简单”的客户体验。

文化架构

中国平安的文化架构如下图所示。

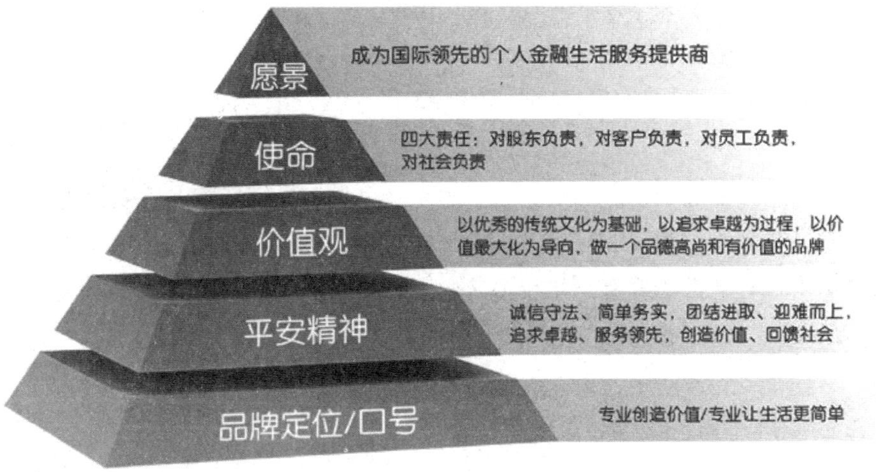

中国平安的文化架构

第二节　平安文化发展

平安文化发展分为七个阶段，如下图所示。

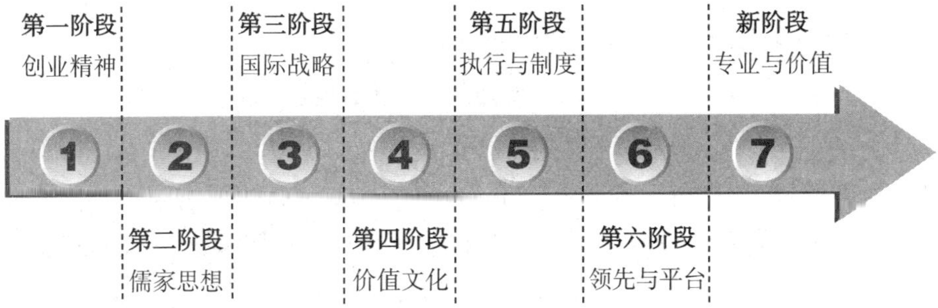

平安文化发展阶段

创业精神

平安文化的第一阶段体现在创业精神上。

1988年5月27日，平安成立于深圳蛇口一隅。此时，中国保险市场正处于独家垄断的状态。

条件的匮乏、环境的恶劣、社会的不接受等，给平安的创业带来极大的压力，凭着一马当先的勇气和创业者大无畏的精神，公司和员工不畏艰辛、排除万难，勇于牺牲、敢于胜利，不仅搭建起了公司雏形，而且提升了平安文化最初阶段的内涵，如下图所示。

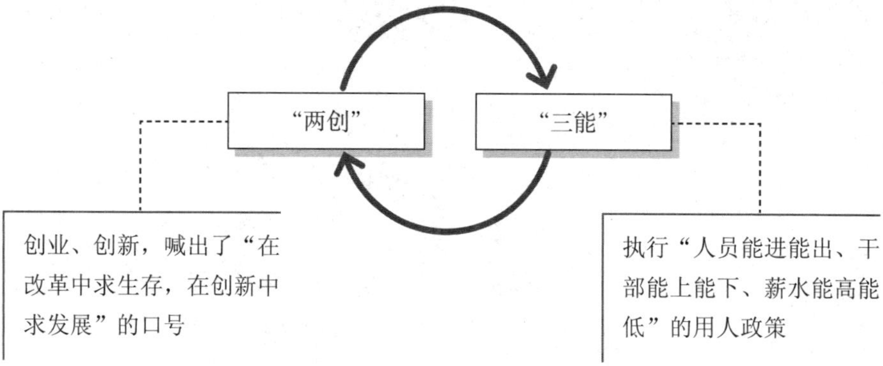

最初的平安文化内涵

儒家思想

平安文化的第二阶段体现在儒家思想上。

为了让平安成为一家有思想、有文化、有生命力的公司，长期发展下去，公司开始回归中华传统文化的精髓，确立了以传统儒家思想作为平安人的为人之基，作为平安的立司之本，以“仁、义、礼、智、信、廉”作为平安人的道德规范，以及处理各种关系的准绳。在这个基础上，平安文化的根基被确认，互相尊重、讲究礼仪、和谐相处的内部人文环境开始营造，员工正确认识、处理个人与公司、社会、国家利益之间的关系。

为了强化公司的凝聚力，把员工的发展和公司的发展紧密结合，平安力排众议推出了员工合股基金，并且坚持了下来，最终得到了政府和社会的认可。

国际战略

平安文化的第三阶段体现在国际战略上。

“三外”的引入

20世纪90年代中期，平安开始实行以“三外”为主的国际化战略——引进海外战略投资者、学习借鉴国际化的公司治理结构、吸纳海外良才，公司形象地称之为“外资”“外体”“外脑”。引进“三外”是为了建立国际化标准，用较短时间把外资保险企业用上百年时间树立的国际化标准拿来为我所用，增强平安对中资、外资竞争对手的竞争力。

“三外”的引入，给平安带来了国际化视野和全新的管理理念，帮助平安构建了国际化、专业化的管理团队等，平安迎来了业务高速发展和规模急剧扩张的发展阶段。

过桥论与猫论

平安提出“如果河上有桥，付点过桥费就能很快过桥，何必摸着石头过河”的“过桥论”，“不管洋猫土猫，抓到老鼠就是好猫”的“猫论”。

在这个过程中，平安不单单将技术、经验作为发展公司的“器”“体”，还将其总结、升华，归纳出“道”“用”，并一起植入公司文化的魂魄，将西方讲原则、讲纪律、讲制度的理性精神和传统文化的人本精神相互结合，进一步丰富平安文化的内涵。

价值文化

平安文化的第四阶段体现在价值文化上。

价值文化的提出

经过创业10多年后的市场和管理实践，平安对企业中的“做人”与“做事”，以及“做事的标准”进行了深入的思考，提出了“价值最大化是检验一切工作的唯一标准”的新价值管理文化。

两种价值

平安将价值分为财务价值和内在价值两种，如下图所示。

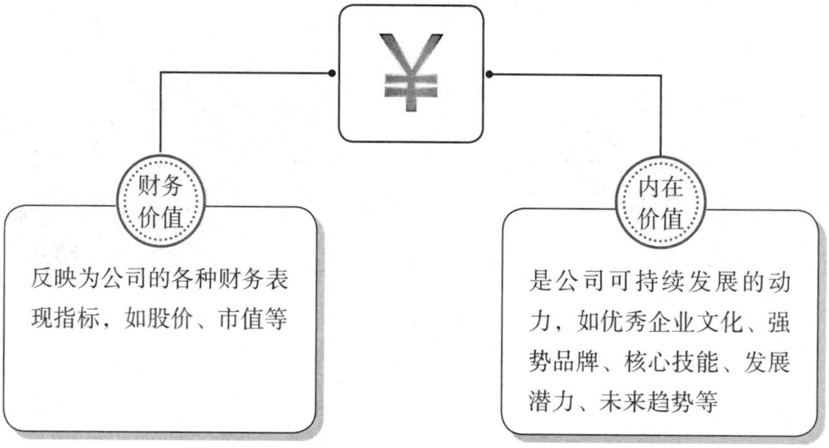

两种价值

价值最大化

价值最大化对外表现为市值等财务指标，对内则表现为公司四大责任（对股东、客户、员工、社会负责）的平衡，即：有利于四大责任的实现并能保持公司利润持续增长的事情，公司就鼓励；反之，公司就反对。价值最大化原则因此成为平安人为人、处事的桥梁，成为平安经营管理的行动纲领，被看作检验一切工作的唯一标准。“凡是有利于公司价值最大化的事情，就是对的，就是我们努力追求的。”

执行与制度

平安文化的第五阶段体现在执行与制度上。

投连事件是一次令平安人刻骨铭心的经历，它使平安得到了一个代价不菲的宝贵教训——再完美的战略规划和计划，如果得不到认真执行，永远不可能实现。

平安从文化上找根源，开始大力推行执行文化，强调执行力就是公司的核心竞争力，执行就是每一个经理人的天职，也是制度化的一部分。同期，公司大力强化制度化建设。

平安上下齐心，绷紧“诚信”的神经：必须取信于客户，否则公司将无法立足。为了重塑客户对平安的信任，公司付诸全力，实施了“百万客户大回访计划”，总共回访了126万名客户，为他们受到的误导致歉，提供多样化的解决方案，尽可能帮助客户最大限度地维护自身权益。

经过3年的努力，到2005年，平安的制度化建设已经取得了明显成效。随着汇丰入股，集团整体上市，公司的执行水平逐渐提升，政令通畅，制度化建设深入人心，集中化、标准化运作水平不断提高。

相关链接》

投连事件

第一件退保

风后是雨，不等平安有更多举措，投连险的退保事件在媒体的推波助澜下发生了。

2001年5月，福州一位李姓客户有意购买保险。负责推销的业务员姓王，在向客户推荐产品时，这位业务员居然违规向客户承诺“收益要远远高于银行存款和其他方式的投资，保证可以赚到钱，投资回报率在18%以上”。客户在业务员的鼓动下购买了“世纪理财”投资连结产品，而且还把自己的两位朋友一起介绍给了该业务员。结果是三个人都购买了“世纪理财”，而且每人还追加了5万元、6万元不等的保费。

2001年12月中旬，质疑投连产品的文章陆续见报。《福建工商时报》在刊登保监会揭示投资保险风险的公告时，还转载了《平安“世纪理财”：被隐藏了的亏损真相》一文。文章被李姓客户注意到，他仔细研究了相关文章和自己的投资连结险保单后，感到自己账户里的资金可能出现了巨大损失。于是他联合其余两位朋友一起赶到公司查看投资账户里的资金状况。电脑里的记录显示，各个账户都出现了不同程度的亏损，其中投资6万元的账户亏损7380元，两个5万元的账户分别亏损了5400元和6000元。相对于购买投资连结险后的大幅亏损，更让李姓客户难以接受的是，他是因为平安业务员的承诺才介绍两位好朋友一起购买了这个保险。

三个人随即联名向福州保监办投诉。在投诉信中说，平安投资连结保险当时已经出现了亏损，但平安保险公司业务员一直隐瞒亏损真相，因此他们的保单明显属于欺诈性合同，强烈要求福州平安公司对此有个明确说法，并对他们的保单进行全额退保。

遇到此类投诉，平安均以客户无法提供受到误导的相关证据而拒绝受理，但这次投诉的误导性却被客户留下了证据。2002年1月初，业务员向他们推销追加保费时做出承诺，不管亏损额多少，他们的全部损失都由自己承担支付，为了表示自己“所言不虚”，这位代理人还写下了“承诺保证书”：

兹有平安保险公司业务承办人王某，对所承办的3位投资连结保险人：林某某、陈某某、李某，3位保险人总的追加保险费壹拾陆万元（160000元）做出郑重承诺保证，如果于2002年12月31日之前，3位保险人追加保费出现亏损，不管亏损额多少，全部由王某本人承担支付，特此特项承诺。（如本人在这期间离开，一切法律及连带责任由本人和平安保险公司共同承担，以上3位保险人保留随时追讨投资连结保险的合法权益，如出现亏损，一切责任由平安保险公司和代理人王某承担。）特立此据。

承诺保证人：中国平安保险股份有限公司福州分公司寿险业务部王某

面对这样一份没有法律效力的保证书，平安无话可说，只能检讨自己对投连险销售管控不严。平安派专门工作小组到福州进行紧急事件处理，惩治了相关业务人员，训练专门的咨询人员充实到岗位，而几位客户则按照自己的心意领回了16万元保险金，但对他们来说，这就是一次误导，就是一次“被骗”的经历。

在事件的处理过程中，随着媒体的报道跟进，福州分公司“第一起退保事件”被炒作得沸沸扬扬。《福州晚报》先后发表了《平安投资连结险福州遇险》《要退这个“保”该咋办？》等文章。《经济观察报》紧跟着刊登了以福州退保事件为内容的《平安保险能否平安化险》。

虽然平安保险福州分公司采用的方式是以业务员个人的名义退赔，但人们很容易提出这样的问题：如果平安保险的业务员没有错误，为何要退赔该由保户自己承担的投资损失呢？平安保险的业务员如果有“错误”，又是什么性质的“错误”呢？这些“错误”平安保险公司又该承担什么责任？会在保险市场引发哪些连锁反应？李先生从平安保险福州分公司拿回保费这个事实，更让人们为平安保险投资连结险在福州的命运捏了一把汗。

《中华工商时报》在同一天有关此事的报道中，暗示了个别客户的退保行为会引发“羊群”效应。到新华社通稿《投连引发信誉危机》发布时，媒体更加喧嚣，一些报纸甚至把2001年的一些文章翻出来和现在的通稿组成专题刊发。投连产品生存的舆论环境一时雪上加霜。

对投连产品“揭秘”和“严打”越来越成规模。平安自成立以来第一次见识到媒体轰炸的威力，受媒体观点影响的客户投诉事件也越来越多地在各地投诉中心出现，“误导”“承诺高回报”“亏损套牢”“未告知首年退保金为零”等成了客户投诉的理由。而嗅觉灵敏的记者总是能第一个赶到现场，把整个投诉过程记录下来，回去整理后又刊发出来。全国各地陆续掀起了投连退保潮，一度卖疯了的投连险市场风云突变，原本是“寿险市场转型的标志性产品”的投连险似乎变成了过街老鼠，人人都在喊打。

“羊群效应”与“池塘涟漪”

在平安积极应对人才流失的挑战时，投连产品的命运越发显得不乐观。2001年下半年，平安已经察觉投连产品销售业绩连续下滑的情况，媒体又接连不断地进行报道，这都动摇了客户和业务人员的信心。“投连险究竟该如何发展”的命题在公司又被重新提了出来。公司的产品开发委员会召开临时会议，达成了以下共识：投连业务经过2001年前5个月的高速发展以后，出现下半年的回落，除股市下跌引发的投资回报降低等原因外，公司销售策略和销售品质管理也需要检讨。从当时看，投连业务已回归到一种正常状态，月保费连续4个月维持在2亿元左右，占个险业务的比例保持在27%～30%，“摆脱了与投资市场的直接互动关系”。

2002年4月，《中国保险报》一篇名为《投连产品本身没有错》的文章里说，“从2001年下半年起……投连保险很快结束了与中国消费者短暂的蜜月期”“受舆论的影响……一些地方甚至出现退保现象”“虽然调查发现，客户退保的主要原因是保险公司的业务员在销售产品时存在误导行为，但同时也反映出，中国的保险消费者对投连保险的性质、功能仍存在认识误区”。

文中从投资回报期望过高、对投资风险认识不足、缺乏长期投资理念等角度论述了消费者对投连产品的误区，并帮助业界检讨说：投资连结保险是一种新型寿险产品，之所以遭遇到那么多疑问和误解，原因之一是市场发展和新产品设计走得太快，忽略了后面需要产品知识武装市场和营销人员，导致产品与市场脱节。投连险涉及保险和证券两个行业，是目前市场上最复杂的产品，缺少真正的“双料人才”，对市场人员的有效培训也相当有限。这篇文章在各地铺天盖地的投连产品报道里是一篇比较中立的文章，而且就当时的情况来看，还是有保险公司在推出新的投连产品，一款名为“金生赢家”的产品正准备隆重上市。2002年3月份，平安的团体退休投连险被甲骨文中国公司相中，双方在北京签约。

平安这两年来在销售投连险这种新型产品上积累了许多经验，同时也得到不少警示：销售人员技能不足，以利益为导向导致销售过程产生误导；过于强调产品的投资功能，忽视了保险保障作用；公司对投连业务的管控力度不够、对业务员的销售资格放得过宽。当然，还有如何应对媒体报道的教训。

但既然第一起退保事件引发的“羊群效应”已经开始发生，后续的事情就越发难以收拾。

“羊群效应”是社会学的一个术语，描述市场里人们在对信息掌握不充分的情况下，如何对未来的不确定性做出反应。在这种情况下，人们往往从周围人群的语言或行动中提取信息，并且在信息的不断传递中，每个人的行为将趋同并彼此强化，从而产生从众效应。“羊群效应”往往伴随着“不安”“惊恐”，这种心态经过传播返回它的源头时，又进一步加剧了它的恐慌效应。如同池塘里的涟漪，从源头扩散开去，碰到池塘壁或者水中的落叶后反弹回来和原有的波浪谐振，造成水面更大的扰动。历史上，任何市场一旦引发“羊群效应”，最后的结果都是人心恐慌、市场动荡，直至交易者陆续退出、彻底清场，而市场则沦落到衰败地步。

“公司当初开发投连产品，就是抱着第一个吃螃蟹的心态，处处小心，时时留意，没想到，我们还是被螃蟹咬住舌头了。”跟在“第一起退保事件”后，一家桥梁建设公司的200多位客户开始了集体投诉，原因同样是认为平安业务员有欺骗和误导行为。投连产品遭到投诉的消息在福州上空稍作停留后，迅速被媒体的报道带到了投连销售面集中的上海。上海公司的副总经理谢虹中午边吃盒饭边翻阅上海当地的内参读物《上海特供信息》，一篇名为《馅饼还是陷阱》的文章一下攫住了她的眼光，当她读完全文后，就再也吃不下手中的盒饭了，她“非常清楚对投连大肆指责的文章将给客户带来什么样的心理影响”。

果然，上海一些客户开始赶到平安上海分公司客户服务中心集体投诉，并拿出横幅准备游行。投诉群体中有些人根本不是平安的客户，还扬言“要召集上百人在‘两会’期间去市政府前静坐示威”。上海的群诉事件让公司意识到，事情比简单的服务投诉更复杂。分公司赶紧和媒体沟通，希望能借助媒体向客户传递“投连有风险，但投连保障作用也很强大”的信息，公司还把某客户因为购买投连获得重大赔偿的消息也一起交给了媒体。

有位客户上门投诉未果，怨愤难平，找到了当时上海的一家新锐报纸，该报的一名记者和另一家报纸的记者随客户一起来到分公司讨要说法。场面混乱程度更加难以收拾，分公司员工为了公司形象上前阻挡记者拍照，还强行遣走了这两名记者。次日，报纸上就爆出相关事件的文章，记载了记者如何被工作人员赶走的经过。媒体的现场直击报道终于引发了上海的群诉风暴。

上海巨鹿路417号是平安第一家保险客户服务门店。在这里，平安首次运用低于一米的客户服务柜台尝试拉近和客户的距离。这次客户又能近距离接触公司了，只不过这里成了投连险的投诉柜台。而在静安区的客户服务中心接待室，每天客户川流不息，像例行公事一样，许多客户天天来报到。日均几百次的接待量，让平安接待人员精疲力竭，但是不断抱怨的客户并没有被员工的微笑送走，坚持认为其被骗而损失了经济利益。还有人不断煽风点火，说任谁劝也不能善罢甘休。投连投诉事件逐渐上升到了白热化的阶段，一篇记录事件的文章这么描述当时的紧张情况：

客户或独自而来，或结伴来访，或现场串联，变调的“团结就是力量”充斥在门店前；大门外，有人高举大字报义愤填膺，一时间交通阻塞；而店内，喧嚣吵闹声中，一名客户突然搬起电脑，人群一拥而上，办公桌被掀了个底朝天；洽谈室内工作人员遭数名客户围攻，110出动，警察被围，请求增援；僵持中，客户掏出尖刀指向心口呈自杀状，称要死给公司看；过道里，一位中年女性公然便溺，人群惊呼四散；门店大厅内一名客户将保单用绳串起挂于颈上，众人围观。还有更多客户分乘出租车前往市政府信访办投诉，被转往保监局后，公司只能派车接回，通宵达旦地谈判。

网上串联的客户、要探消息的记者、指望浑水摸鱼的同业人员，各种人等怀着各自的目的汇聚在公司周围，都打着投连的主意。巨鹿路417号甚至一度冠上了上海“恶性事件多发点”的名号，警方还把它列为最不能马虎的出警点之一。而平安那些在投连风波阴影笼罩下的业务员也度日如年，一位营业部经理家里，手下的8个业务主任每天都一起打地铺，担心自己难以独自招架客户的声讨……

品牌保卫战

等到日后投连事件渐趋平静，中央财经大学的一位教授说：“在平息福州风波时，采取了要求业务员对保户进行赔偿、承担客户损失的方式。而从投资连结保险的特点来看，这种方法正确与否似乎有待商榷。”“平安没有抓住并利用这个时机向保户强调，投连产品是有风险的，并且风险要由保户自己承担。没有承受能力的投资者，是不应该选择投资连结产品的。”“平安当时采取的危机处理方法，很容易从另一方面给社会造成投资连结保险只赚不赔的误解，甚至可能有更多投资亏损的保户要求赔偿。”事实上，福州风波后，在其他城市发生的投连产品保户要求赔偿的事件，从另外一个角度证实了这位教授的观点。

但是，事已至此，平安只能全心应对。危机首先把公司品牌宣传部推到了火线的最前沿。品牌宣传部迅速制定了协调人、发言人的管理办法，品牌总监潘宏源被任命为公司对外总协调人，负责确定对外发言。

品牌宣传部受命出面应对媒体，公司邀请了新华社、《中国保险报》《南方周末》《21世纪经济报道》《人民日报》《中华工商时报》等重要媒体汇集深圳总部，安排记者和产品专家充分沟通，详细介绍了投连产品的特性和问题、现状，同时代表平安表态：希望客户正确对待投连产品的风险，同时愿意积极应对退保问题。马明哲也通过《深圳特区报》公开表态说，投连危机爆发之时，正是中国保险业恢复发展不久，媒体的过度渲染极易造成客户的恐慌，建设道德标准最高的保险公司需要公司上下的艰苦努力，也需要社会各界人士、新闻媒体和广大客户的帮助，希望社会各界对中国保险业和公司的发展给予更多的理解、关爱和支持。

对内，品牌宣传部还把《南方周末》等媒体的相关报道原因、事实及平安员工应注意事项进行整理，连同《南方周末》报道文章一起下发。在公司内部《平安保险》报上对退保事件撰文解释，最后强调说："我们也欢迎广大客户充分发挥自己的监督功能，遇到疑问，及时向公司咨询，并积极投诉业务员在销售过程中的不当行为，帮助我们不断提高管理水平和服务质量。但我们也希望个别业务员的不当行为不至于动摇大部分销售人员在客户心目中的诚信形象。"

领先与平台

平安文化的第六阶段体现在领先与平台上。

当平安跨上了千亿元级的竞争平台，向更高更大的平台进发，承受万亿元级的竞争强度时，平安的抱负由原来一直倡导的"国际一流"改成了"国际领先的综合金融服务集团"。

为了成为真正的市场领导者，平安认为，在文化内涵中，在发展观中，还要补充丰富两个字——"领先"，要让"追求领先"成为全体平安人的DNA，将"领先"内化为平安文化的一部分。

专业与价值

平安文化的新阶段体现在专业与价值上。

2009年开始，平安继续丰富"专业与价值"内涵，推出"专业创造价值""专业，让生活更简单"的内外宣传口号，加强各系列文化的一致性。围绕专业文化适时推出新司歌，并号召"专业，从我做起、从领导做起、从提升客户体验做起、从每件事做起、从每一天做起"，针对一线员工和管理人员分别开展"专业技能奥运会"和"5+1"工程，提升平安人的专业性；完善企业文化内涵，强化危机意识；不断升级服务举措，提升客户体验NPS值。并且利用报刊、晨会、新媒体等传播渠道，加大对专业公司文化的传播声量，强化文化理念认知、文化表现和文化执行的一致性，通过刊物进驻、晨会频道开播、文化理念系统宣导等措施加速银行文化的融合。

第三节　平安的战略

愿景

中国平安的愿景是成为国际领先的个人金融生活服务提供商。

整体战略

中国平安的整体战略如下图所示。

战略一	坚持科技引领金融、金融服务生活的理念，推动核心金融业务和互联网金融业务共同发展，成为国际领先的个人金融生活业务提供商
战略二	打造“一个客户、一个账户、多个产品、一站式服务”的综合金融服务平台，推动交叉销售
战略三	核心金融业务：推进金融超市和客户迁徙，同时积极推动保险客户向银行、投资客户，线下金融客户向线上服务用户的迁徙和转化
战略四	互联网金融业务：在“流量为王、生活切入、价值驱动”的指导思想下，持续围绕“医、食、住、行、玩”等需求，搭建互联网金融平台
战略五	积累活跃客户和高质量资产，树立独特的竞争优势
战略六	获得持续的利润增长，向股东提供长期稳定的价值回报

中国平安的整体战略

各业务线战略

保险业务

保持产险、寿险业务的健康稳定发展，积极提升产险、寿险业务的市场竞争力，实现市场份额的稳步提升；大力发展企业年金、健康险等新业务领域。

银行业务

充分利用集团在客户、产品、渠道、平台等方面的综合资源优势，加快发展，逐步实现“最佳银行”战略目标；将平安银行打造成为集团综合金融服务的核心平台，为客户提供一站式的综合金融服务。

投资业务

（1）打造卓越的投资能力和领先的投资平台。

（2）强化保险资产负债的匹配，建立严密、完善的风险管控机制。

（3）大力发展第三方资产管理业务，为客户提供最丰富、优质的投资产品，成为中国金融理财市场的领军者。

互联网金融业务

围绕广大用户“医、食、住、行、玩”生活场景，形成“一扇门、两个聚焦、四个市场”的战略体系；通过“任意门”衔接起丰富的应用场景，聚焦资产管理和健康管理，推动大数据的挖掘、分析及应用，搭建起资产交易市场、积分交易市场、汽车交易市场以及房产金融市场，为广大用户提供一站式金融生活服务。

平安的价值

平安积极推进各项经营计划，在不断发展的进程中，树立独特的竞争优势，逐步实现公司的战略目标和愿景，提升投资价值，主要表现在两个方面。

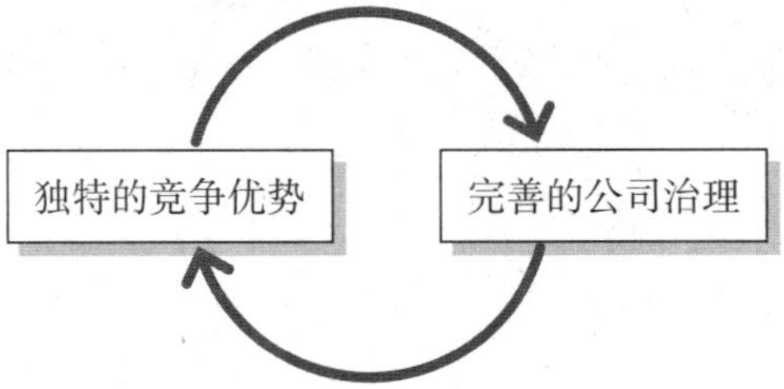

平安的价值

独特的竞争优势

中国平安的竞争优势表现在三个方面，如下图所示。

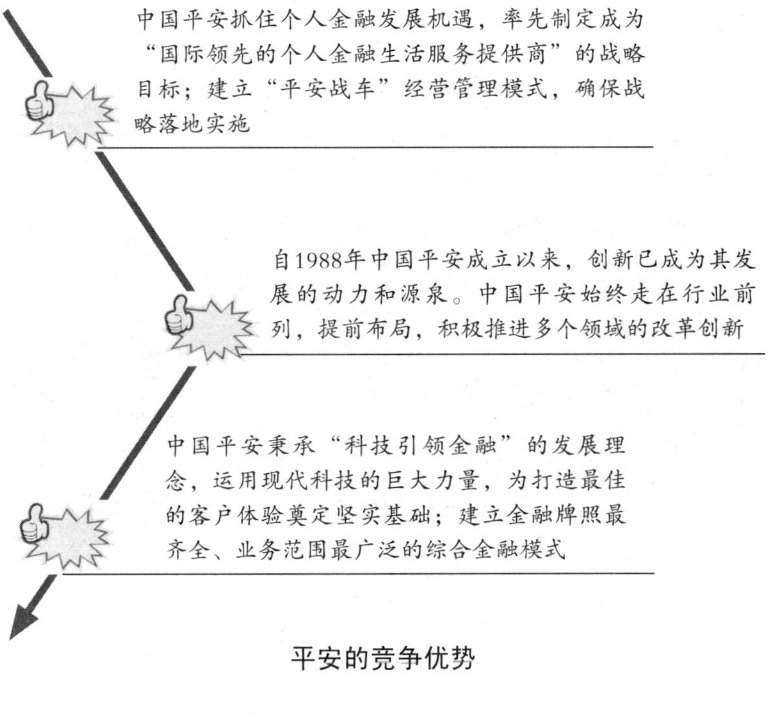

平安的竞争优势

完善的公司治理

中国平安的公司治理体现在五个方面，如下图所示。

治理一 完备的职能体系：“三会”（股东大会、董事会、监事会）规范独立运作，董事会下设专业委员会负责专业决策，执行委员会负责贯彻落实

治理二 清晰的发展战略，独具魅力的企业文化以及国际化、专业化的管理团队

治理三 领先的全面风险管理体系

治理四 真实、准确、完整、及时、公平对等的信息披露制度

治理五 积极、热情、高效的投资者关系服务理念

平安的公司治理

相关链接》

马明哲：平安最大的优势是文化，我们有文化（节选）

平安成立到2014年是26年，平安从无到有，从小到大。

26年前，我们只有3个人，到今天走过了一条非常不容易的路。从无到有，从小到大，从大到复杂，我们一直保持着平安强大的生命力和竞争力，一直没有减退，而且越做越强，这26年来，平安全体同事也是非常努力。

我们在座的都是金融互联网界的精英，今天也会和各位做一个有深度的交流。今天我和各位交流，主要是三点：第一是互联网金融；第二是平安的互联网金融战略；第三是平安互联网金融的不一样。我希望最后在我结束的时候，能让大家更加了解平安是怎么想的，未来是怎么做的。

首先谈谈我们对互联网的理解，班门弄斧了，在座的都是前辈，你们比我们了解得更多，我只是从不同的角度，从一个金融工作者的角度谈谈我的理解。可以肯定，我也相信这句话，互联网一定会给整个人类社会、经济、各行各业带来更大的影响。

为什么呢？我们可以看人类社会，是从一个无序的、洞穴生活的原始社会到

今天的有序社会。互联网的到来改变了旧的秩序，建立了新的秩序。无序大家很清楚，什么叫有序呢？我们走出这个大门现在有红绿灯，各行各业有各行各业的规矩，在整个社会里，我们由国家主席到村主任，分为各个等级；在座的同事有博士学位、硕士学位，也有学士学位；职位也有高低，有科长、有处长、有部门经理。但是互联网的到来，无论你是贫富、贵贱，都可以在一个平台上进行交流。

所以，无论你在新疆、深圳还是上海，你都可以在同一时间进行交流。新的秩序改变了过去的等级和距离之分，打破了层级、消除了距离，让信息对称起来。所以，从这个角度来看，互联网本质上还是让世界缩小了。

我们从这里可以想各行各业，包括金融业，它会发生什么变化呢？互联网肯定会改变社会的经济、文化、各行各业。当然，给金融业肯定会带来很大的变革，我用了一个词，叫“牵引着带”。肯定是这样，互联网未来会带来很大的变化。什么变化呢？

我们再看看对互联网和金融的理解，很多理论工作者将“金融”两个字讲得太复杂了，我用一种非常通俗的方法来讲一讲我理解的金融。“金融”，“金”字是钱，“融”字是交易。金融的本质也是一个中介，让有钱的人去钱生钱，让需要钱的人借钱生钱。

无论你是保险、银行还是证券，都是在做这样一件事情。可能在座的朋友会问，互联网会对金融产生什么影响？影响是很多很多方面的。上次在复旦，我曾经简单地说了一下，在这里，也可以稍多一点点地介绍一下我们的分析。

举三个例子：第一个，10年内，60%以上的信用卡没有了，被取代了；第二个，10～15年内，大部分的中小金融机构的前台被互联网的企业、非金融企业所取代；第三个，金融机构网点的前台将会走向“四化”，即小型化、社区化、智能化、标准化。为什么呢？我们在后面解释一下。

先来讲讲第一个，10年内，60%以上的信用卡没有了，被取代了。首先，我们举个例子，为什么会取代现金呢？我们可以看看在世界金融业里面，除了货币、钞票以外，又出了支票，发展为信用卡。那么，支票的出现取代了很多的现金，信用卡的出现也是取代了现金。现在在发达国家，在中国也是一样，实际上只是较小的金额才使用现金支付，稍大一点的金额都是用信用卡支付。

中国比外国发展得更快，一步跨过了个人支票的时代。信用卡取代了现金，未来我们足以相信，移动的任何设备都可以进一步取代信用卡，更加可以取代现金。科技的进步使得移动互联网的设备，包括手机，取代现金成为必然。我们可以看看，在肯尼亚、海地等农村，50%以上都是用手机取代了现金。

我们看看瑞典，95%的现金与信用卡被取代了，因为用手机来支付，比用信用卡更便利，而且能使用的生活场景更多，信用卡要通过一个媒介来进行刷卡，手机更加方便，无接触的这种支付方式给人们的生活带来了不一样的方便。

所以，平安怎么办？我们举三个例子，为了迎接未来科技的转变，我们必须快速地迎头赶上，所以，我们在2014年1月16日开始测试壹钱包，我们希望壹钱包将来能够通过模拟不同的生活场景，逐渐地用它来取代信用卡、取代现金，我们相信10年内60%以上的信用卡没用了这种说法还是保守的，5年就能发生很大的变化，到10年的时候回头看，这是一点都不过分的。

第二个，10～15年内，大部分的中小金融机构的前台被互联网的企业、非金融企业所取代。为什么？我们可以看看，中国台湾的利差是0.97%，香港的利差是1.53%，在中国大陆，银行的利差还有2%～3%，银行的主要利润还是来自于利差，我们可以支持到前台机构网点的成本。

互联网出来之后，包括腾讯、阿里在内的企业，它们创造了很多新的产品和工具之后，实际上利率自由化已经来临了。我们可以看看，为什么苹果自己不生产手机？还有HP，它们为什么都委托富士康去做呢？

因为富士康生产一台手机的价格只是相当于它们的70%，当我们的竞争到达一定程度，到我们的利润空间被缩窄的时候，金融机构为了生存，只有采取这样的方法，通过外包的方式，才能让它们生存下来，所以这个选择是无奈的、被迫的，它们不得不走这条路。

第三个，金融机构网点的前台将会走向“四化”，即小型化、社区化、智能化、标准化。

刚才讲了第二部分，平安会大力发展互联网金融。第三部分，应对变化，平安下一步会推出小微型的综合服务网点，以逐步改变新的金融策略。之前，我问一些媒体朋友说希望我讲什么，想听听朋友们的建议，现在先对这些问题做简单的回答。

传统金融、金融互联网和互联网金融，究竟各自的竞争优势在哪里呢？我们先看看传统金融。过去的传统金融，我们在座的都是金融专家，你们都很清楚，它是渠道为王，产品驱动。何为渠道为王呢？我占了好的地点，我有更多的网点，我有更多的人均销售产能；我单点、单片盈利更好、营收更高，单点、单店、单人的人均产能更好。

再加上我的产品多，我的产品的特色好，这就是传统金融，过去持续了上百年，它的核心就是竞争力。

我们看看金融互联网是什么样的。我认为还是传统金融，只是利用了互联网来提升远程的服务，让提供给客户的服务更好一些。那么，再看看互联网金融。互联网金融的战略完全是不一样的，它是流量为王，从服务入手，最终还是价格驱动。我们看看很多发展的电商，为什么发展这么好？

实际上很简单，把地面开商店的钱和人力成本，通过网络，把利益让给了消费者，所以电商发展很好，而且它们的选择很多。看看我们的电商，成功的电商的选择很多，价格很便宜，服务很好。但是，电商必须基于流量，流量为王，客户体验非常关键，最后核心还是价格。

所以传统金融、金融互联网和互联网金融这三者之间是有区别的。后面两种不同的模式，一个是从右到左，一个是从左到右，金融互联网首先是金融开始，然后到服务，到市场；而互联网金融是从体验和服务开始，再到产业和市场，再到金融，它在逻辑上是反过来的。

我们可以看一看Barnes & Noble，它进入互联网也是蛮早的，去过美国读书的人都很清楚。到今天，跟它一样的亚马逊，市值是1800亿美元。我把它们称作一个是养牛喝牛奶，一个是做牛奶生意，金融互联网的特点是利用互联网，那么，金融互联网就是改良式的，而互联网金融是颠覆式的。

Barnes & Noble 2011年开始一直在亏损，门店一直在收缩，亚马逊也是从图书开始一直做到今天，这个差距太大了。看到这个差距，你会感觉到这是蛮恐惧的一个例子，其实是很现实的例子，金融互联网和互联网金融也是这样，最终的结果是一样的。一个是养牛喝牛奶，一个是造一个市场，去卖牛奶，这是一个最典型的案例。那么，互联网的未来，我们觉得会走向移动化、智能化和云计算。

互联网的大数据对金融业的影响会很大，Jasky告诉我一个信息，三大工作的首要工作就是大数据和云计算，我们也在努力地和国外很多机构合作，包括

MID，我们有成立独立的项目，包括在中国，我们也有好几个独立的项目，在研究全球大数据和云计算最新的发展。

一家金融机构所拥有的数据是绝对不够的。我是一家最大的银行，我就是最大的数据对吗？不对，这是信息。

大数据现在已经扩展到每个人，它有3600种特征，我们这几年也稍微改了一下，变成5个方面，一个是Who，一个是Where，一个是When，一个是What，一个是How，你是谁？你在哪里？什么时间？你是什么？我们怎么去做？要将金融嵌入生活环境，嵌入人的行为，谁能够进去，谁就成功。

所以，金融的数据，任何一个行业，你掌握的数据都是狭窄的；任何一个数据如果没有时间的长度，你也是狭窄的，不可以称为大数据。我们说ST有它的时间宽度，还有它的时间长度，才可以称为一个真正有用的大数据。如果不能转为现实价值的，就是信息了。平安在这方面也投入了大量的资源，希望能够走在行业的前列。刚才我们谈到4个W，1个H。平安怎么做呢？在这里简单地介绍一下。

平安的战略是希望成为中国，今后是全世界领先的个人金融服务提供商。在过去，大家也经常看到平安讲的，一个客户、一个账户、多个产品、一站式服务。我们还是提供金融服务，我们希望将保险的客户迁徙到这里，银行迁徙到资产管理、财富管理领域，这是我们的传统战略。另一个是非传统的，一个客户、多个账户、众多产品、多种服务，从金融服务到生活服务，就不单只是金融服务。所以，我们的迁徙是将非金融的客户迁徙到金融，金融的客户再相互迁徙，所以我们是两条腿走路，要成为领先的个人金融服务提供商。

那么，为了实现互联网金融，我们将金融嵌入衣、食、住、行、玩的330个生活场景中，我们希望它能够带来一个简单、便捷、安全、有趣的生活。那么，为什么选衣、食、住、行、玩呢？按照马斯洛的个人心理层次需求，人在解决了生存问题和安全问题后，再上一层就是社交的需求，再上一层就是自我受到尊重的需求，最后就是自我实现的需求。实际上在解决安全问题的需求以后，社交的需求是非常重要的，然后是自我实现的需求。

所以，平安的定位叫“社交金融”。我们大家也很清楚，在生活当中什么最重要呢？一个人一辈子买一套房子，买一部车，然后是医疗健康、教育培训，这是开支最大的。我们做金融，找到人们开支最多的是什么，即房子、车子、金融，以及与此相关的生活场景，然后去提供服务。有些离我们比较远的，我们就不去找了。在人的生存问题、安全问题解决了之后，医疗健康也是非常重要的，所以，我们在衣、食、住、行、玩方面是这样考虑的。

那么，为了实现衣、食、住、行、玩，我们做了Hot（音）和Spot（音）。Hot就是它的核心，Spot就是它的分支，5个Hot，初步有333个Spot，围绕着人的3600个可能不同的生活场景和行为，围绕着从金融扩大到人的生活环境，就是我们下一步要做的移动化、智能化和云计算，整个战略的脉络是想这样走。

刚才也讲了，我们的五大门户，包括壹钱包、天下通、一账通、万里通和一键通，我们各个通的老板都在这里，他们有很多的话想告诉你们，所以你们有什么问题都可以请教他们，我是向他们学习的。实际上做这个服务最终的目的是什么？我们是“三留”，留住资产、留住积分、留住健康。你最终提供的最核心的服务在哪里？

我们有些媒体报道，马明哲跟马云、马化腾干起来了，实际上不是的，我们都是好朋友，我跟他们讲，腾讯有腾讯的特点，阿里有阿里的特点，平安有平安的特点。腾讯是从社交通信开始，到游戏，逐渐进入到各行各业，最后到金融。

阿里从电商开始，进入到各行各业，然后再进入到金融。而平安，我们还是在金融、健康两个支柱上，我们是做金融的，我们希望在金融和健康两个支柱上有一个深度的理解，我们是从现实的生活金融开始，立足于健康，所以大家可以共存的，并不打架，我们也是好朋友，我们在一起很开心，我跟他们在一起很开心，他们两个我不知道，但我觉得应该还好，在一起大家有说有笑，还是比较开心的。

所以，我们要做社交金融，为什么我们可以呢？第一个，源自平安25年综合金融的经验，我们对金融业的深度理解和我们的专业；第二个，源自对消费者的深度理解，我们在几年前也开始重新认识消费者，认识消费者的需求、客户的体验；第三个，我们对现在科技的把握和应用，源自我们以社交金融为核心的移动平台。我们的信心来自于这三个方面。

有三个层次：第一个，是从30万位平安人开始，跟马云和马化腾不一样，他们是从大众开始。第二个，我们还是立足于30万位平安人，当我们觉得这个东西很好用、很方便时，我们再逐步推向8000万位平安客户，我们的基础不是先从大众开始的，而是从自己开始，然后再推向8000万的平安客户，最后再逐步推向社会，我们是这样的一个层次。而且，我们有足够的耐心，我们有足够的资源，我们也足够专业，我们一步一个脚印，推进互联网金融。到了第三个，平安互联网金融的不一样，刚才讲了互联网金融，现在讲平安互联网金融的不一样。

平安互联网金融，我们说它有三大功能：第一个是管理财富、管理资产，这是我们的核心。第二个是管理健康，平安有数千万位健康保险客户，我们从管理健康开始。第三个是管理生活，很多财富和健康的生活场景跟生活是紧密相连的。

在管理财富方面，我们的主张是赚钱、省钱、借钱，还是刚才我们讲的金融，让有钱的人钱生钱，让需要钱的人借钱生钱。所以，我们还是围绕着我们的核心，赚钱、省钱、借钱。怎么赚钱呢？方法当然就有很多很多了，平安本身就是金融集团，它有很多的产品，我们希望能够建立一个市场，销售所有金融机构的产品，单单只有平安的产品还是不够的。

……

平安成立26年，到2014年5月27日是26年，实际上我在平安工作了28年，我是1986年7月16日从招商局出来，开始筹建平安，当时是我一个人，带一个秘书，到1988年5月17日开业，也就是26年前，再到今天。在1986年的时候，我们提出了目标，虽然没有那么大，但我们是一步一个脚印走过来的，平安的文化就是这样：言出必行，说到做到。

包括我们从保险开始，做了10年，到今天，我们走了26年，今天，我们为未来的10年进入互联网金融时代而做准备，我们从无到有，从小到大，再到今天这样一个综合金融集团，我们有信心，我们有耐心，希望在座的各位朋友多给我们机会，多给我们帮助，也希望能有更多的服务提供商，为客户提供更好的服务。马年马上到来了，在这里，我代表中国平安，包括我个人和在座的同事，给大家提前拜年，谢谢！

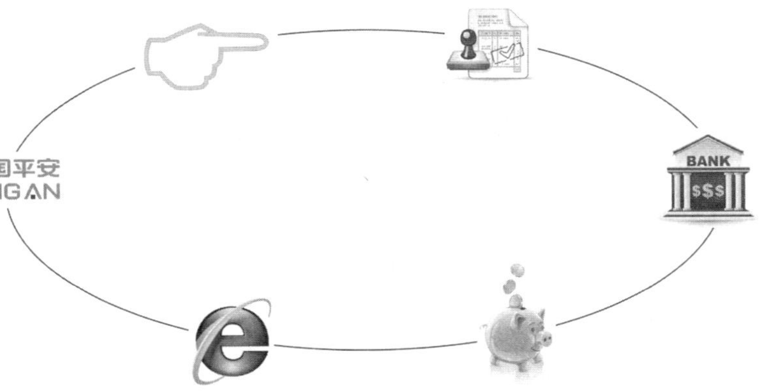

第十一章 中国平安的社会责任

导言：

中国平安认为，一家肩负社会责任的企业在为社会带来商业价值、创造利润贡献的同时，也应该为社会创造社会价值。平安公益项目主要集中在四大领域：教育公益、环境公益、红十字公益、社群公益，其中以教育公益和环境公益为主。

第一节　平安公益

教育公益

支教行动

1994年，随着安徽六安第一所平安希望小学的落成，平安希望公益事业正式开启，并在全国完成了113所平安希望小学，每年都定期组织志愿者到学校开展志愿服务。

截至2014年12月31日，中国平安的志愿者服务时间已经累计超过16万小时。从硬件建设到软件支持，平安建立起了一套规范化、系统化的帮扶模式。

中国平安支教行动的主要内容如下图所示。

内容一	以平安希望小学校舍等基础设置修缮为重点的平安希望小学百万维护计划
内容二	奖励品学兼优、家境困难的学生，设置鼓励和支持他们完成学业的希望奖学金
内容三	开展平安希望小学校长、主要课任教师培训，制订以帮助教师提升业务技能为内容的教师培训计划
内容四	以招募志愿者援助乡村师资建设为主的支教

支教行动的主要内容

（1）平安希望小学百万维护计划。

从2007年起启动的平安希望小学百万维护计划，每年划拨数百万元维护专款，用于各平安希望小学校舍、教学楼、操场的修缮，不断改善孩子们的求学环境。

（2）希望奖学金。

2009年，平安设立希望奖学金，奖励就读于平安希望小学以及从希望小学毕业的品学兼优、家境困难的学生，鼓励和支持他们完成学业。奖学金主要分为小学阶段、小学升初中阶段、初中升高中阶段、高中升大学阶段四个阶段。截至2014年，奖学金共发放11214人，合计635.2万元。

（3）教师培训。

为支援贫困山区师资建设，平安在各平安希望小学实施教师培训计划。培训通过观摩、参观、授课等体验式教学的模式，为各平安希望小学优秀校长、主要课任老师与名师名校之间搭建了交流互动的平台，帮助乡村教师们找到迅速充电、提升授课技能的方法。

（4）支教志愿者招募。

从2007年开始，中国平安携手中国青少年发展基金会开展“平安希望小学支教行动”，活动以接力的方式，招募支教志愿者到平安希望小学授课，给孩子们带去与外界心灵交流的机会。截至2014年12月，已有3471名志愿者加入支教行动。

相关链接》

传承奥运精神 用爱成就梦想——中国平安携手奥运冠军支教团走进希望小学

2015年11月27日上午，由中国平安与中国宋庆龄基金会共同发起的“传承奥运精神，用爱成就梦想”冠军进校园活动在海南成功举办。在本次活动中，由14名冠军运动员组成的支教团亲临海口新坡平安希望小学，向在校师生分享了个人成长经历，鼓励孩子们坚持梦想，学习冠军们积极向上、勇于拼搏的奥运精神。中国宋庆龄基金会副主席井顿泉、中国平安集团品牌总监盛瑞生、中国宋庆龄基金会基金部部长、羽毛球奥运冠军唐九红、跳水奥运冠军高敏等14位冠军运动员共同出席了本次活动。

据了解，此次活动恰逢中国平安2015年支教行动收官。活动上，中国平安集团品牌总监盛瑞生表示，“专注，为明天”是中国平安的公益理念，为此平安做了很多创新的举措，比如今年的“知识众筹”和“梦想置换”。同时，也很高兴能与中国宋庆龄基金会共同举办本次冠军进校园活动，希望同学们传承冠军精神，积极向上，茁壮成长。

中国宋庆龄基金会基金部部长唐九红也在活动中表示，“关注民族未来，培育少年儿童的未竟事业”是中国宋庆龄基金会的重要宗旨，中国宋庆龄基金会冠军基金自2015年5月30日成立以来，致力于通过各种丰富多彩的活动帮助青少年了解体育文化、增强体质、拓宽视野，让他们感受体育的魅力。

公益跨界：奥运精神走进希望小学

冠军运动员们一走进位于海口市的新坡平安希望小学，就立刻被热情的孩子们团团围住。在本次的支教活动中，孙海涛、叶乔波、高敏等冠军运动员也向孩子们讲述了个人的成长经历。残奥会冠军孙海涛结合自己的经历，告诉孩子们要不畏失败，勇于拼搏。他还在现场与孩子们进行拔河比赛，教育他们面对困难要讲究战略、战术，凝聚团队的力量，一切皆有可能。

叶乔波和孩子们分享了自己最喜欢的三句话：昨天已成为过去，明天还是梦想，今天要把握每一分每一秒，做最好的自己。勉励孩子们珍惜时光，好好学习本领。

上述的经历分享，让孩子们在感受体育魅力的同时拓宽了眼界，使他们能够真实感受到冠军们积极向上、拼搏奋斗的精神。

此外，冠军们还分成几个部分分别带领不同年级的孩子们进行了篮球、排球和体操等的教学与互动活动，让他们亲身得到冠军们专业的体育运动指导。随后，冠军们还与希望小学的孩子组成了两队进行友谊篮球比赛。在这场篮球比赛中，最高的运动员有2.06米，最矮的选手不到1.3米。虽然个人实力相差悬殊，但是孩子们沉浸在与冠军同台比赛的欢乐中，体会到了竞技和团队协作的意义。

活动创新：互联网+公益3.0成果不俗

在本次活动中，冠军运动员们还与孩子们互相交换了礼物。据了解，这种形式属于平安支教此前开展的“梦想置换”活动，即孩子们用自己亲手创作的作品在平安支教的微站平台上与网友交换心中的梦想。这种新颖的模式既圆了孩子们的梦想，又改变了以往线下支教的局限，让孩子们意识到付出才会有收获，有助于树立他们独立、自强的自我价值观。

冠军运动员们还代表广大网络志愿者给孩子们带来了《平安知识众筹100问》，这些问题都是志愿者在支教期间收集到的孩子们的问题，由平安知识众筹平台号召网友来回答。以往的线下支教会让很多有意愿却没有时间的人望而却步，而“知识众筹”这一“网络支教”的创新举措，让全国范围内的网友都能通过这种形式参与支教行动。这100道问答是志愿者精选出来编辑成册回馈给孩子们的礼物，此次由冠军运动员们送出，也是想让孩子们明白德智体应全面发展的道理。

“梦想置换”“知识众筹”以及创新的网络支教形式，是平安将互联网与公益深度结合的范例，此次互联网+公益3.0模式的尝试，也得到了丰硕的成果。

据悉，中国平安2015年支教行动共涉及35所希望小学，有近1000名志愿者走进校园，近4万名网络志愿者参与创新模式的“网络支教”，突破了以往支教参与方式单一的瓶颈，打造“超越时空”的爱心支教。中国平安企业社会责任负责人表示，今后将矢志不渝地坚持“专注、为明天”的公益理念，号召更多的爱心志愿者参与平安的支教活动，不断创新支教形式，为孩子们带去不一样的支教体验。

励志计划

中国平安励志计划是中国平安于2003年8月正式启动的一项长期公益项目。该活动旨在鼓励全国高校在校学生立志报国、奋发图强，开展学术研究，探索有利于中国经济健康发展的新观念、新理论，投身学术理论研究，打造学生核心竞争力，为国家的发展贡献力量。励志计划开展以来，已累计奖励学生5183名，总奖励金额达1800万元。

中国平安励志计划主要包括励志论文奖、励志论坛和励志同学会。励志论文奖自2003年设立至今，是励志计划各项目中持续时间最久、影响力最大的项目，对营造高校良好的学术研究氛围具有重要意义。励志论坛是与各大高校合办的项目，资助学生自行组织校园活动，帮助他们提升项目运作的能力，支持高校的校园文化建设。励志同学会则为获得励志论文奖的精英学生搭建了一个沟通的平台。

环境公益

低碳100

2010年3月，中国平安正式启动了主题为“绿色承诺平安中国”的低碳100行动。将100项低碳举措贯彻落实到日常运营、业务推动及社会公益三大方面。

截至2014年12月31日，平安通过18项科技化服务手段减少了碳排放量6817.18吨；平安信托成功募集到首期节能环保基金，募集金额达1.99亿元；平安产险通过再制造的方式修复变速箱2722个，节省成本5236万元，向再制造企业定向供应变速箱旧件316个，节省成本54万元。

万亩平安林

2012年4月，中国平安携手中国青少年发展基金会正式启动“万亩平安林”项目，这也是中国平安低碳100行动中的一项重要公益项目。项目计划每年在全国10个地区共营建1万亩平安林，每个地区的平安林占地500～1000亩，根据各地水土生态环境的不同，每片平安林将种植5万～10万棵不同种类的树木，以倡导企业员工、客户以及社会公众共同参与环境建设，营造绿色生态环境，履行企业的环境责任。

截至2014年12月31日，已经完成河北承德、山东商河、内蒙古多伦、湖南冷水滩、广东揭阳、广西阳朔、海南儋州、宁夏青铜峡、安徽怀宁、湖北鄂州、福建南平、云南昭通、北京延庆、青岛潍坊、江西安义、湖南永州、黑龙江桦川、福建泉州、青海互助县、河北涿鹿、甘肃兰州等21个地区共16500亩平安林的营建

平安林活动图片

启动工作，极大地改善了当地的水土流失治理与生态环境建设工作，项目捐赠款项为510.5万元。

绿色金融

在绿色金融领域，中国平安一直关注环境保护、再生资源投资、绿色信贷等方面的投入。中国平安产险进一步加强环境污染风险评估系统的开发和完善，针对行业进行深入的风险分析，可供客户、政府及保险公司使用。通过该系统，可以了解企业及地区的环境污染风险，体现了保险公司的社会治理职能。2015年，环境污染责任险承保2271笔，保额达42亿元；银行的绿色信贷授信总额为401.49亿元，授信余额为173.01亿元。

绿公司

深圳平安金融中心采用窗帘太阳自适应控制系统、冰蓄冷空调系统等多项绿色技术，使得建筑总体节能绩效显著，较同等规模的传统建筑能够节省46%的能耗，较ASHRAE标准节约18%～25%的能耗。目前，深圳平安金融中心已获得美国绿色建筑委员会、绿色建筑认证协会LEED核壳结构金级水平认证，荣获中国建筑业协会授予的“第三批全国建筑业绿色施工示范工程”称号。

相关链接》》

新科技促低碳发展 万亩林托绿色明天——中国平安 2014年万亩平安林即日启动

2014年4月23日，中国平安携手中国青少年发展基金会在河北省涿鹿县正式启动“保护母亲河行动——中国平安2014万亩平安林”项目，全面开启新一年度的使万亩平安林在全国各地落地生根的工作。来自中国青少年发展基金会、共青团张家口市委、涿鹿县县委县政府、共青团涿鹿县县委、中国平安和平安客户以及低碳公益志愿者等的近200位代表出席了活动。

践行绿色公益　种植万亩平安林

作为“中国平安服务大使”的歌手平安已经是第二次参加万亩平安林的活动了。他表示：“在去年的万亩平安林活动中，我亲手种下了一个许愿瓶，写下了我的低碳宣言。虽然已经过去了一年，但我时刻在践行着自己的承诺。”启动仪式上，歌手平安还积极与客户互动，参与低碳环保知识问答。

据了解，万亩平安林项目是中国平安“低碳100行动”的重要组成部分。自2012年4月中国平安首度携手中国青少年发展基金会正式启动“万亩平安林”项目以来，至今已是第三个年头了。截至2013年年底，中国平安已经在全国13个地区成功种下约130万棵不同种类的树木，有效地使这些地区的水土流失状况得到改善。

活动现场，中国青少年发展基金会秘书长涂猛对中国平安参与公益事业的热情表示极大赞赏，他希望该绿色公益项目能持续发展下去，并号召更多的志愿者，以微公益的方式参与进来，共同承担社会责任，构建和谐生态社会环境。

科技推动服务　共建低碳新金融

据悉，2014年的万亩平安林是中国平安首次联合平安产险共同推动的绿色行动。2013年，平安产险将科技创新的服务与低碳建设相结合，走在行业前列，通过微信自助理赔、即时支付以及远程定损等服务形式，在低耗节能方面取得了可喜的成绩，在为客户提供便捷服务的同时，也带动客户共同参与到低碳行动中来，携手共建绿色家园。

参加此次活动的中国平安集团品牌总监盛瑞生也表示，我们希望企业社会责任并不止于简单地做公益、做慈善，而是与中国平安的具体业务相结合，提供更环保的绿色金融服务。此次公益行动邀请客户共同参与，也是基于消费者对环境和健康的实际需求，是中国平安创建绿色公司、推动绿色金融、参与绿色公益的具体实践。

中国平安近年在企业社会责任方面屡获殊荣，凭借在企业社会责任和绿色环保方面的突出表现，中国平安先后荣膺企业公民大奖和低碳先锋企业奖，并获10年企业公民大奖；连续14次获评“最受尊敬企业”称号，成为唯一获此殊荣的综合金融保险集团。据平安发布的2013年年报数据显示，2013年，中国平安净利润达360.14亿元，同比增长34.6%。在业绩利润增长的背景之下，绿色金融逐渐成为平安集团的主要发展战略之一。仅在2013年一年，平安在保险及银行等业务领域，通过18项科技化服务手段，全年减少碳排放2729.4吨。

作为一家具有社会责任感的综合金融集团，中国平安长期坚持“专注为明天”的客户服务理念，在不断升级产品创新时，也在深化履行企业社会责任，将环境保护建设与企业的绿色金融创新相结合，随着2014年全国各地平安林项目的开展，与平安客户共同推进低碳环保，创造属于大家的绿色明天。

相关链接》》

中国平安连续14年荣膺“最受尊敬企业”

2015年7月14日，2014—2015年度“最受尊敬企业”评选结果揭晓，中国平安凭借长期以来对股东、客户、员工及社会的良好责任及担当再次荣获“最受尊敬企业”称号，成为唯一一家连续14年获此殊荣的企业。

作为国内最重要的企业评价体系之一，本年度“最受尊敬企业”评选以寻找未来商业创新的领导者及推动时代进步的驱动力为目标，努力发现并检视最具强势核心竞争力的企业。主办方评价，在即将到来的场景时代，中国平安作为全球领先的零售金融服务商，积极拥抱“互联网＋”，把“财富、健康、生活”都装入“平安互联网＋”的篮子里，在实现规模化扩张的同时，更加精准地实现其商业价值。

中国平安表示：秉持“专业，让生活更简单”的品牌理念，中国平安在保持各项业务稳健发展的同时，将持续改善和提高客户体验，积极致力于产品、服务及渠道的各种创新，不断提升服务效率和服务品质。并通过深化履行企业社会责任，向社会传递正向价值观，更好地回报股东、客户和社会各界。

中国平安2015年一季报显示，中国平安首季度实现净利润199.64亿元，同比增幅达84.7%。截至2015年3月31日，公司总资产达约4.22万亿元，较年初增长5.2%。面对互联网与实体转型升级深度融合的趋势，中国平安持续推进“一扇门、两个聚焦、四个市场”的战略体系，业务保持高速增长。截至2015年3月31日，中国平安互联网用户规模已近1.59亿人。陆金所、万里通、平安付、平安金融科技等互联网金融业务公司用户总量达1.04亿人，其中持有传统金融产品的用户数占38.9%。陆金所金融资产交易规模同比增长近18倍，其中P2P交易规模同比上涨近3倍，保持中国P2P市场第一的地位。在2015年公布的财富中国500强排行榜中，中国平安首次超过中国人寿，成为保险业第一名，列总榜单第十一位，较去年上升2位。

在业务稳健快速发展的同时，中国平安结合自身行业特点，不断创新企业社会责任的践行方式。在环境公益领域，将低碳减排理念贯穿于公司的日常运营中，利用互联网技术推广线上理赔、远程定损、线上出单等科技化服务，实现CO_2减排6817.18吨；与此同时，中国平安持续关注雾霾等极端天气，积极倡导低碳出行和绿色生活，在2015“地球一小时”活动中，创新以O2O模式开展植树活动及低碳健步跑，将2万多名公众参与线上公益的热情与线下平安万亩林的捐建和低碳健步行的开展无缝对接。

在教育公益领域，中国平安持续投入20多年，共在全国范围内援建了111所希望小学，并定期开展支教行动，关注边远地区儿童的全面发展。在高等教育领域，连续11年开展大学生励志计划，鼓励青年进行学术创新、全面提升核心竞争力，累计为5058名大学生颁发了逾1700万元奖学金。随着城市化进程中留守儿童群体的日趋庞大，他们的情感需求、心智成长成为中国平安的又一个公益聚焦，为回应社会关注，帮助弱势群体，中国平安发起“让爱回家”互联网公益众筹，通过互联网的力量汇聚和放大网友的爱心，帮助逾200个留守儿童家庭在春节温暖团圆，并为500个亲子相隔的留守家庭送出万元话费。

此外，中国平安还持续关注并参与国内重大突发事件的救援工作，迅速出台多项举措积极应对昆明暴恐、马航飞机失联、云南鲁甸地震、“东方之星”客轮翻沉等事件，旗下相关专业公司均在第一时间开展理赔排查与探视慰问，多次完成业内首笔赔付。在云南鲁甸赈灾中，中国平安迅速派遣专业查勘救援人员进行救灾，并捐赠800万元现金和保额1.75亿元的意外伤害及医疗保险。

据悉，“最受尊敬企业”评选由权威财经类报纸《经济观察报》主办，依据行业领袖、创新竞争、永续发展、环境友好、公益慈善五个关键词对企业进行综合考量，由数百名学者专家、媒体、公益人士及企业管理者提名，并经多轮审核及投票，最终有30家企业获此殊荣。

【拓展阅读】与韩红共赴“百人援青” 中国平安为青海提供医疗援助

与韩红共赴“百人援青” 中国平安为青海提供医疗援助

2014年8月7日，韩红爱心慈善基金“百人援青”大型公益医疗行动在北京日坛宾馆举行新闻发布会暨启动仪式。此次“百人援青”公益行动是韩红爱心团队继“百人援藏”“百人援蒙”“百人援疆”之后，再次对西部边远地区提供医疗和教育援助的大型公益行动。中国平安作为本次“韩红爱心百人援青”公益行动合作伙伴之一，捐助200万元用于购置10辆专用救护车，定向捐赠给青海地区基层医疗机构使用，为贫困边远地区的危重病患者和少数民族同胞提供及时就医服务。

新闻发布会伊始，全体到场人员为云南鲁甸遇难者集体默哀。在临行前夕的8月3日，云南鲁甸突遇地震，韩红爱心救援队联合蓝天救援队丽江分队连夜启程赶往云南鲁甸地震灾区救灾，并在第一时间向灾区捐款100万元人民币，用于救灾物资的采购和对云南省鲁甸县受灾群众的救助。中国平安也在第一时间启动了应急响应，开启绿色通道，提供主动理赔服务，为参与地震救援联盟的500名志愿者提供1.75亿元保额的意外伤害及医疗保险35万元，并向中国青基会捐赠500万元，用于灾后学校重建及教育支持。

发布活动由著名电视节目主持人崔永元和陈鲁豫主持，来自中国平安、阿里巴巴公益基金会和吉利汽车等的爱心企业代表，以及浙医二院、空军总医院、武警总医院等国内知名医院的顶尖医疗专家，和演艺界明星代表共同出席了该活动。“韩红爱心百人援青”公益行动于2014年8月8～23日，开展了历时15天行程2000多公里的少数民族地区医疗和教育援助，包括捐建1所复明中心、举办12场大型义诊、进行免费白内障手术和捐赠乡镇卫生院10辆医疗救护车等义诊及医疗援助活动。

中国平安集团品牌总监盛瑞生在发布会上表示，对于韩红爱心基金会团队多年来为西部少数民族地区给予的医疗及教育援助，表示由衷的敬佩，正如中国平安多年来在教育等方面投入与扶持的公益追求一样，我们都非常期望用自己的绵薄之力回报于社会，尽企业的社会责任。中国平安已援建了106所平安希望小学，连续11年开展大学生励志计划，连续7年开展希望小学支教行动。2014年是我们第一次参与韩红爱心百人系列活动，我们非常愿意参与到这项爱心公益事业中来，关注少数民族同胞的健康问题，共同祈祷天下平安。

韩红作为百人公益系列活动的发起人，多年来致力于爱心慈善事业，身边诸多艺人朋友也受到这股正能量的感召。此前，韩红就曾得到众多好友的支持，并在个人微博刷屏感谢好友声援。发布会现场，近20位好友用视频形式远程献上爱心祝福。韩红表示，百人系列公益行动从最初的尝试、摸索，逐渐凝聚成一股力量，一种社会责任和一份公益梦想，我们要一直走下去，因为公益路上没有捷径。最后，韩红与爱心企业代表、医疗专家共同点亮“韩红爱心百人援青”公益行动路线图，在场的300多人见证了这一激动人心的时刻。启动仪式后，韩红爱心慈善基金会将带领一支由医疗专家、全国知名媒体和各界爱心人士组成的百人援青志愿者爱心团队，从北京出发奔赴青海，开启为期15天的青海西部公益之旅。

据悉，中国平安长期坚持“专注为明天”的公益理念，作为一家具有社会责任感的综合金融集团，在不断创造商业价值的同时，也在持续深化履行企业社会责任。近年来，凭借在企业社会责任方面的突出表现，中国平安荣膺“十年企业公民”大奖，连续14次获评“最受尊敬企业”称号。

第二节　灾难援助

云南地震

捐款支持

2014年8月3日16时30分，云南鲁甸县遭遇6.5级地震，百万余人受灾，中国平安旗下寿险、产险、养老险立即启动重大事件紧急预案，推出多项应急理赔救援举措，派遣专业查勘救援人员奔赴震区，投身救灾救援工作，并为参与本次地震救援联盟的500名志愿者提供35万元意外伤害及医疗保险，保额价值1.75亿元。

2014年8月6日，中国平安宣布通过中国青少年发展基金会的中国平安公益基金，向云南地震灾区捐款500万元，用于支援灾后学校建设及教育支持。与此同时，根据震区为多雨天气，食品、饮用水缺乏的情况，中国平安立即采购了价值30多万元的饮用水以及3000箱食品、500把雨伞等物资，装载了4辆平安救灾爱心专列，奔赴震中，帮助受灾民众渡过难关。

为了在72小时的黄金救援时间中减少同胞伤亡，中国平安及时调配6台查勘车辆参与抢险救灾，安全转运伤员8台次、30多人次。在鲁甸县城设立救援服务点2个，受理客户咨询和承接部分救灾服务工作。

绿色理赔通道

面对突如其来的地震，中国平安立即启动紧急预案，开通绿色理赔通道，参与救援救灾，并在2014年8月4日上午10时许，完成首笔车险赔付，及时为客户解困。这也是在道路中断等交通不便的条件下，保险业内完成的云南地震首笔赔付。同时，中国平安为参与本次地震救援联盟的500名志愿者提供35万元意外伤害及医疗保险，保额价值1.75亿元。

截至2014年8月5日18时，平安产险共接到车险有效报案15笔，估损44.8万元，已快速完成4笔赔付，结案金额为40930元；财产险报案4笔，估损2.16万元，已完成2笔地震卡客户赔付，结案金额为1650元。平安人寿通过对1851名客户进行主动回访与慰问，发现1名客户出险，已住院治疗。平安养老险经过排查，暂未发现客户伤亡损失信息。

雅安地震

2013年4月20日8时2分四川省雅安市芦山县（北纬30.3度，东经103.0度）发生7.0级地震。震源深度13公里。震中距成都约100公里。成都、重庆及陕西的宝鸡、汉中、安康等地均有较强震感。

相关链接 》

雅安地震中国平安救灾总动员

2013年4月20日，四川雅安地震发生后，中国平安及旗下子公司迅速反应，积极参与救灾救援工作。地震当天，中国平安宣布向壹基金捐赠650万元，用于采购救灾物资，关注灾区儿童心理恢复等方面，并将与壹基金在深入了解灾情和灾区需求的基础上确定后续行动计划。平安寿险、产险、养老险驻当地机构已开通绿色理赔通道及95511紧急救援服务热线，简化理赔流程，争取第一时间为受灾客户送去赔款和救援。平安银行宣布，灾区的信用卡、小微贷款、新一贷及其他消费客户本月免息，并将还款期递延3个月。

集团董事长兼CEO马明哲在致四川地震灾区员工、客户的一封信中表示："救人于危难是我们最高的责任。"他指出，养兵千日用兵一时，灾难面前，作为保险人，我们将第一时间给客户送去救援，送去保障，送去问候和温暖。雅安地震发生后，中国平安第一时间成立应急工作领导小组，由集团副总经理兼首席保险业务执行官李源祥任组长，产险董事长孙建平、寿险董事长丁当、养老险董事长杜永茂任副组长，并委派寿险四川分公司总经理林凯率队，带着药品、水、食物等救援物资赶赴灾害现场，参与救援工作。21日早晨，李源祥及孙建平等领导专程赶赴四川，现场指挥抗震救灾。

2013年4月21日上午，平安产险在2013年4月20日现场查勘的基础上，简化理赔流程，快速完成案件系统录入，通过超级网银的网上支付通道，将100万元预赔款支付给农业银行芦山支行，完成雅安地震后首笔财产险理赔案件的赔付，这也是灾情开始以来业内最大的赔付。为让客户及时得到救援救助，平安产险面向受灾地区符合保险责任的客户紧急推出了多项应急处置举措。财产险方面，平安产险主动向客户推出快速定损的服务，简化手续，并使用超级网银支付，以便第一时间将赔款支付到客户手中，帮助受灾企业渡过难关；意健险理赔方面，平安产险将实现零查勘，零单证；而车险方面，则将推出一站式定损的服务，有据先赔，力争让客户省时无忧。由于灾后通信受阻，平安产险查勘员于第一时间以短信、电话、微信平台与客户保持联系，尽力保证与客户的有效沟通。

为让客户及时得到救援救助，平安人寿启动应急机制，向雅安地震灾区推出理赔、保全、保费缴纳等20项客户服务方面的应急处置举措。理赔方面，平安人寿主动向客户提供代填理赔申请书和上门送赔款等服务，开通理赔快速服务通道，无保单理赔服务，取消定点医院限制，取消客户自费用药项目限制，取消住院延期手续，简化重疾和残疾理赔申请鉴定手续服务，简化意外身故理赔申请手续，设置咨询点并开设理赔绿色通道。在保全服务方面，平安人寿将3～4月承保保单的犹豫期延长2个月，保单复效免息，保单还款免除1年期的利息，保全业务受理材料可减免，补发保单免收工本费，投连、万能保单交易价格以有利于客户原则进行。此外，平安人寿对受灾地区的客户延长了交费宽限期，对投保人因地震身故，被保人仍生存但未满18周岁的，公司豁免续期保费至被保人满18周岁。

平安银行快速推出多项举措，全力以赴支持抗震救灾。2013年4月20日下午，平安银行宣布，“此次雅安地震灾区的平安银行信用卡、小微贷款、新一贷及其他消费贷款的客户本月免息，同时还款期顺延3个月”，对在柜面办理抗震救灾资金汇出业务的客户开通绿色通道，并免收客户手续费。2013年4月22日，一场汇聚全行干部员工爱心的“山海相连，心系雅安”捐款活动，在总行党委的组织下，在总分行有序展开，全行员工用自己的实际行动表达了对灾区人民的支持与祝福。

养老险也启动应急预案，同步开展医院伤亡者名单排查工作，并主动上门慰问受灾客户。为有效支持救灾工作，养老险还推出“无保单理赔申请、简化身份证明、取消定点医院限制、预付事故理赔进款、拓展理赔责任”五项应急举措，以及将受灾地区3～4月承保保单的犹豫期延长2个月，期交保单免息复效等保全服务。

玉树地震

2010年4月14日，青海省玉树藏族自治州玉树县发生6次地震，最高震级7.1级，发生在7时49分，地震震中位于县城附近。地震发生后，中国平安迅速反应，支持灾后重建工作。

相关链接 》

中国平安宣布捐赠1500万元支持玉树灾区重建

继2010年4月16日中国平安宣布通过中国青少年发展基金会向青海省玉树藏族自治州地震灾区捐赠500万元人民币后，4月20日，中国平安亮相央视抗震救灾晚会，宣布捐赠1000万元支持青海省玉树藏族自治州地震灾区重建。

据了解，此次“情系玉树大爱无疆——抗震救灾大型募捐活动”由中宣部、国家广电总局、民政部、中国红十字会等单位共同主办。为切实履行企业公民的社会责任，中国平安宣布向地震灾区捐款人民币1000万元，并号召公司员工积极响应号召，踊跃捐款捐物，支援灾区人民重建家园。

玉树地震发生后，中国平安集团董事长兼CEO马明哲高度重视，第一时间召集产险、寿险、养老险等专业公司班子成员，成立抗震救灾小组，安排快速理赔、抢险救灾、公益捐赠等各项工作。平安派出副总经理曹六一亲赴灾区，现场指挥查勘理赔及救援工作。在当地保监部门的指导下，中国平安集团旗下产险、寿险、养老险联合前后线行动，第一时间派出平安应急救灾小组带着承保资料和相关救灾物资，出发前往事发地点查勘，主动进行客户回访。

2010年4月15日15时20分，在地震后一个工作日内，平安产险向地震中受损的客户中国农业发展银行预付赔款50万元，完成业内首笔赔付。平安寿险向因地震遇难的客户马某赔付保险金17万元。2010年4月17日17时11分，平安产险仅用23小时便快速完成对地震中3名遇难民工的赔案处理和赔款支付，赔付金额共计30万元。

中国平安表示，玉树地震牵动着全体平安同仁的心。除做好客户服务、快速理赔及公司捐赠外，由中国平安各级党委、工会组织的员工捐款捐物活动已全面展开，目前员工们正积极踊跃地向灾区捐款，支持灾区重建。

中国平安集团董事长兼CEO马明哲表示，金融保险企业是“养兵千日、用兵一时”，此次地震使平安更加深刻地体会到保险是扶危救难、保障民生的神圣事业，重大灾难是考验公司资源、管理和快速反应能力的时候。在理赔高峰逐渐到来之际，平安将继续提供充足的人力、物力、财力支持，高效有序地做好快速理赔。马明哲号召平安保险、银行、证券、信托及资产管理等各系列的员工更加积极地行动起来，通过做好高效服务、参与抗震救灾、公益捐赠等活动，为灾区人民恢复生产、生活及重建美好家园贡献我们的力量。

据悉，10多年来，中国平安一直积极致力于灾难救助、红十字公益、教育公益等社会慈善事业。从1994年至今，中国平安已经投入超过5000万元，用于平安希望小学的援建和维护。2008年“5·12”汶川地震发生后，中国平安企业及员工捐款累计8000万元用于赈灾以及灾区学校的重建。其中位于北川县的桂溪平安希望小学于2010年4月建成竣工。

相关链接》》

中国平安完成青海玉树地震业内首笔保险赔付

2010年4月15日15时20分，在青海玉树县发生7.1级地震后的一个工作日内，中国平安完成业内首笔赔付，旗下平安产险向地震中受损的客户中国农业发展银行预付赔款50万元。同时，平安寿险已完成对遇难客户马某因地震身故的保险责任认定，理赔金额为17万元。

地震发生后，中国平安即通过多方渠道寻找客户，由于当地通信一度中断，平安产险于14日下午3时许方联系上青海中国农业发展银行玉树支行的工作人员。

根据双方签订的《固定资产统保保险协议》，平安产险作为该统保项目的首席承保人，为中国农业发展银行总行、分行、支行和营业部承担相应的保险责任，这次受损的中国农业发展银行玉树支行属于承保范围。在非车险领域，中国平安承保的三项保险包括：财产一切险及附加地震险、机器损坏险和公众责任险。其中，财产一切险及附加地震险总保额为113.88亿元，机器损坏险总保额为32.44亿元，公众责任险累计赔偿限额3000万元。

为帮助客户尽快恢复正常生产，根据对建筑损毁情况的初步估损，14日17时30分，中国平安决定向客户预付赔款50万元。15日下午，预付款已经到账。据了解，同样是客户中国农业发展银行，在2008年汶川地震中，平安产险第一时间对该行预付赔款368.26万元，最终赔付金额逾千万元。

另据了解，14日中午从西宁启程的平安第一批理赔人员，已经在15日凌晨5时许到达灾区，接连到5个临时安置点寻访客户，并在当地保监部门的指导下，在玉树格萨尔王广场搭建起2个临时理赔点接受客户咨询。平安产险理赔人员已赶赴受损严重的中国农业发展银行办公楼及机场公路进行现场查勘。平安寿险理赔人员根据保单载明的家庭地址进行核实调查，并确认客户马某已身故。经过绿色理赔通道的快速处理，目前该案件已顺利结案，意外身故保额为17万元。由于指定受益人同时在地震中身亡，中国平安正在积极联系其法定继承人领取赔付金。截至目前，平安寿险已确认8名客户出险，其中3人死亡，平安将启动绿色理赔通道尽快完成相关赔付。

汶川地震

2008年5月12日，四川省汶川县遭遇8级地震，中国平安立即启动重大事件紧急预案，推出多项应急理赔救援举措。

相关链接》》

中国平安完成汶川地震赔付第一单

2008年5月13日15时，“5・12”汶川地震发生后25小时，中国平安将理赔款2万元交到不幸遇难的重庆客户唐某的家属手中。这是中国平安为汶川地震赔付的第一单。

不幸遇难的客户唐某是小学学生。2008年5月13日接到报案后，平安人寿重庆分公司第一时间启动紧急预案，理赔人员分别从重庆和万州赶赴现场，迅速核实被保险人身份，15时，将2万元赔款送到了唐某的家属手中。据悉，客户购买险种为平安鸿利保险，此次赔付为全额赔付。

同时，平安养老险陕西分公司正积极联系相关部门获取伤亡人员名单。

2008年5月13日，中国平安宣布，将出资重建于1997年3月在四川绵阳北川县桂溪乡援建的四川绵阳北川县平安希望小学，并调整其建筑布局，为师生营造更好的学习环境。北川县平安希望小学由于紧邻震中，不幸遭受重大损毁，几乎被夷为平地。

来自中国平安的消息说，中国平安董事长兼CEO马明哲在地震发生当晚致信全体员工，要求广大员工在关键时刻充分发扬保险扶危济困的精神，以高度的责任感全力以赴做好抗灾救灾、理赔服务工作。平安产险董事长兼CEO任汇川、平安人寿董事长兼CEO李源祥、平安养老险人力资源总监何实已于2008年5月13日下午赶赴成都指导抗震救灾。中国平安总经理张子欣于2008年5月14日赶赴成都，整合平安在当地各分公司的资源，部署抗震救灾工作。

截至2008年5月13日16时，中国平安电话中心接到人伤损失报案58起，财产损失报案56起，车辆损失报案157起，合计报案271起。

相关链接》》

7.2亿元！平安产险签署汶川地震最大保险赔付协议

2012年11月29日，中国平安旗下平安产险宣布，已与拉法基瑞安水泥有限公司（以下简称“拉法基瑞安”）正式签署赔付协议，平安产险就拉法基瑞安在2008年5月12日汶川地震以及后续的系列余震中遭受的损失，在保单保障范围内赔付总赔款人民币7.2亿元。据悉，该赔案是截至目前汶川地震最大的保险赔案，也是中国平安成立21年来的单笔最大赔案。平安产险全方位、多渠道地帮助拉法基瑞安渡过难关，恢复生产，为灾区重建做出了应有的贡献。

拉法基瑞安为全球最大水泥生产商——法国拉法基集团和香港瑞安集团在华的合资子公司。2008年5月12日，四川汶川发生大地震，由平安产险承保的拉法基瑞安及其中国地区下属企业在四川都江堰、江油和绵阳等地的中外合资水泥厂遭受严重损失。在2008年8月13日的余震中，拉法基江油工厂再次受损。

接到报案后，平安产险立即从总、分公司和运营管理中心抽调理赔骨干组成专案小组，并开通赔案处理绿色通道，会同罗便士（中国）保险公估公司，赶赴四川地震现场进行查勘。在2008年6月至2009年6月的一年间，平安产险拉法基专案小组与被保险人、保单再保人法国AXA、再保理算人罗便士（法国）等冒着余震频发的危险，克服施工难度危险性超高、维修承包商极度缺乏等诸多困难，对300多项重建和修复项目、上万个标的进行了专业、细致的查勘和核损，经过各方多次磋商，于2009年6月初形成最终赔付方案，并于近日正式签署赔付协议。平安产险就拉法基瑞安在2008年5月12日汶川地震以及后续的系列余震中遭受的损失，在保单保障范围内赔付总赔款人民币7.2亿元。

据悉，为帮助拉法基瑞安尽快恢复生产，平安产险已于2008年8月和11月分别向拉法基瑞安预付赔款2.6亿元和1.5亿元。2012年11月底，平安产险按照拉法基瑞安的要求支付第三笔预付赔款人民币7000万元。同时，理赔专案小组正在抓紧时间完成案件的整理工作，在公司内部的全部报备流程结束后，将剩余的赔款4亿元人民币支付给拉法基瑞安，完成此次地震后的拉法基瑞安赔款结案工作。

拉法基瑞安相关负责人表示对理赔结果非常满意。平安产险相关负责人表示，地震发生后，水泥成为灾区重建必需的重要建材，拉法基瑞安快速恢复生产的需求非常紧迫。平安产险“急客户之所急”，全方位、多渠道地帮助拉法基瑞安渡过难关。除了履行保险人义务，于震后6个月内向拉法基瑞安预付赔款4.1亿元外，平安产险还充分发挥其专业优势和“客户至上”的服务宗旨，由专业理赔人员向拉法基瑞安提供保险增值服务，帮助拉法基瑞安完成工程招标、监理等工作，加快了拉法基瑞安恢复生产的速度。以灾区重建为第一要务，时任平安产险董事长兼CEO的任汇川表示，平安产险不但要积极履行保险责任，而且会更好地履行平安的企业公民责任。

平安产险相关负责人表示，平安一贯采用严格谨慎的会计计提方法，公司已经在2008年财务报告中充分计提了未决准备金，并具有完备的再保保护，因此，该赔案基本不会对平安产险和中国平安的经营结果产生影响。

参 考 文 献

[1] 佚名. 中国平安位列FutureBrand全球品牌100强榜单17位居全球金融企业第一. 中国平安官网，2016-07-26.

[2] 佚名. 马明哲、邵平荣登《财富》“中国最具影响力的50位商界领袖”. 中国平安官网，2016-04-15.

[3] 佚名. 中国平安董事长马明哲荣登《财富》2015年度全球商业人物第18位. 中国平安官网，2015-12-08.

[4] 甘玲玉. 中国平安首次进入世界500强前50强 位列41居中国保险业第一. 证券日报，2016-07-21.

[5] 佚名. 中国平安跻身《财富》中国500强前10位列第8. 中国平安官网，2016-07-14.

[6] 佚名. 中国平安荣获“亚洲最受尊敬企业”. 中国平安官网，2016-07-07.

[7] 佚名. 中国平安荣登《福布斯》全球2000强第20位 蝉联中国保险企业第一. 中国平安官网，2016-05-27.

[8] 佚名. 中国平安荣膺深圳“市长质量奖”唯一大奖. 中国平安官网，2016-05-27.

[9] 潘亦纯. 近一年国内新开25家保险公司. 投资者报，2016-07-18.

[10] 金闪闪. 细数中国保险历史上的“第一次”. 金融圈，2015-07-18.

[11] 马明哲. 全面开启平安3.0时代——马明哲董事长2016年元旦致辞. 中国平安官网，2016-01-01.

[12] 佚名. 平安高层领导畅谈公司海外成功上市的启示. 中国平安官网，2004-07-08.

[13] 佚名. 平安人寿“倍享福”上市 保障更高更全. 平安人寿官网，2016-07-06.

[14] 佚名. 平安产险多地开售居民住宅地震巨灾保险 最高保额100万元. 平安产险官网，2016-07-06.

[15] 佚名. 平安养老险年销售规模1800亿元 获评亚洲最佳. 中国平安官网，2016-05-10.

[16] 佚名. 中保协发布《2015中国职工养老储备指数大中城市报告》. 新华网，2015-11-29.

[17] 佚名. 打造互联网时代新金融 平安银行获评“2016最佳互联网创新银行”. 平安银行官网，2016-07-15.

[18] 佚名. 平安普惠单月贷款额破百亿，剑指全球第一消费金融品牌. 新浪网，2016-05-24.

[19] 佚名. 平安普惠荣膺“新金融探路者先锋企业”引领互联网金融创新. 搜狐网，2016-05-17.

[20] 佚名. 平安普惠推出远程实时视频审批，贷款全线上“面”核时代来了. 搜狐网，2016-04-20.

[21] 佚名. 平安信托2015年净利31亿元增幅超四成. 投资者报，2016-01-25.

[22] 杨波. 平安资管董事长万放：如何提升机构投资者的市场地位. 中国基金报，2016-05-16.

[23] 佚名. 平安大华汇通财富荣获“新三板最佳投资机构”. 人民网，2016-06-12.

[24] 佚名. 平安大华孙健：风险和收益的平衡之道. 中国基金报，2016-04-18.
[25] 佚名. “百万任我行”登陆陆金所 平安人寿、陆金所联手打造互联网保险销售平台. 中国平安官网，2016-03-21.
[26] 佚名. 前海征信总经理邱寒：普惠金融的基础是建立全面信用档案. 凤凰财经，2016-07-19.
[27] 佚名. “平安众+”首度解析平台股权众筹发展策略. 中国投资咨询网，2015-10-27.
[28] 佚名. 平安好房推出全国首个“农民工购房节”. 中国平安官网，2016-02-24.
[29] 佚名. 壹钱包花漾卡：理财和健康消费服务为一体的花“样”卡. 中国新闻网，2016-07-01.
[30] 陈鑫龙. 云南与中国平安官网签署“智慧医保合作框架协议”. 云南日报，2016-07-13.
[31] 佚名. 平安证券助力湖北转型升级 签署“湖北长江经济带产业并购母基金”合作备忘录. 中国平安官网，2016-04-08.
[32] 佚名. 平安产险联合NSF推广汽车售后配件认证 让汽车维修更省心. 中国平安官网，2016-07-08.
[33] 钱文颖. 走向：与平安深度融合？与市场第二合并？荆楚网，2016-07-19.
[34] 佚名. 平安人寿、产险蝉联C-BPI中国“第一品牌”. 中国平安官网，2016-04-15.
[35] 佚名. 传承奥运精神 用爱成就梦想——中国平安携手奥运冠军支教团走进希望小学. 中国平安官网，2015-11-27.
[36] 佚名. 新科技促低碳发展 万亩林托绿色明天——中国平安2014年万亩平安林即日启动. 中国平安官网，2014-04-23.
[37] 佚名. 中国平安连续14年荣膺“最受尊敬企业”. 中国平安官网，2015-07-15.
[38] 佚名. 与韩红共赴“百人援青” 中国平安为青海提供医疗援助. 中国平安官网，2014-08-07.
[39] 梁兴. 中国平安向云南地震灾区捐款500万元. 三湘都市报，2014-08-06.
[40] 佚名. 中国平安为云南地震开通绿色理赔通道. 东南快报，2014-08-05.
[41] 佚名. 雅安地震中国平安救灾总动员. 南方日报，2013-04-27.
[42] 佚名. 中国平安宣布捐赠1500万支持玉树灾区重建. 东楚晚报，2010-04-23.
[43] 杨阳腾. 中国平安完成青海玉树地震业内首笔保险赔付. 中国经济网，2010-04-16.
[44] 潘清. 中国平安完成汶川地震赔付第一单. 新华网，2008-05-13.
[45] 佚名. 7.2亿元！平安产险签署汶川地震最大保险赔付协议. 沃保网，2012-11-29.
[46] 崔启斌，许晨辉. 营销员PK：中国平安单产拔头筹. 保险周刊，2017-04-04.
[47] 苗艺伟. 平安集团2016年成绩单看点：净利润稳增15% 互联网板块首度实现盈利. 界面新闻，2017-03-22.
[48] 潘亦纯. 年内新开10家保险公司 互联网和专业化经营成逆袭良药. 投资者报，2016-12-19.